LV·Buch
Wir lieben das Landleben.

Die fabelhafte Welt meiner Nähmaschine

SYLVIE BLONDEAU

5 Unterseite des Kissens

Stecken Sie rechts auf rechts auf jeden Halbkreis eine Hälfte des Reißverschlusses. Steppen Sie mit demselben Nähfuß so nah wie möglich an den Zähnen des Reißverschlusses.

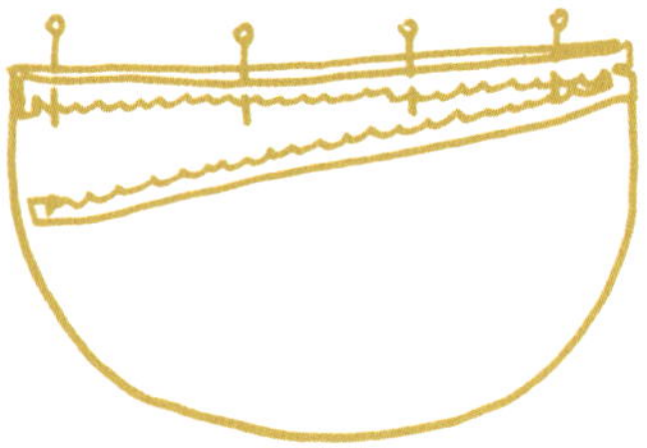

6 Zusammennähen der beiden Seiten

Öffnen Sie den Reißverschluss. Legen Sie das obere Teil auf das untere, rechts auf rechts. Stecken Sie rundum. Steppen Sie auf der Paspelnaht. Versäubern Sie rundum und wenden Sie die Arbeit.

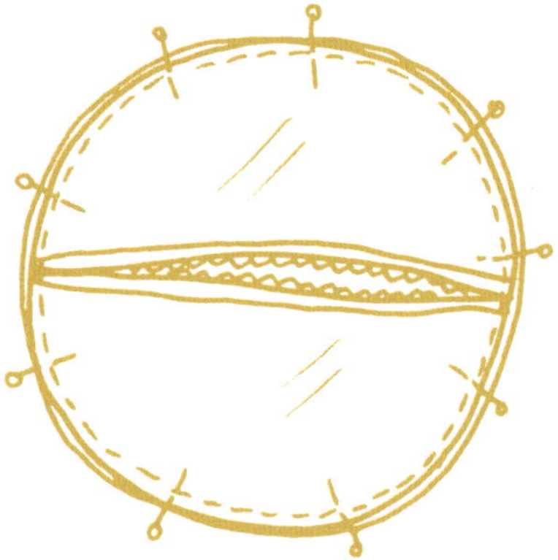

7 Ausarbeitung

Beziehen Sie den Knopf entsprechend der Anleitung des Herstellers. Nähen Sie den Knopf in die Mitte.

Verzieren Sie den Bezug. Schneiden Sie das Band in vier gleiche Teile. Nähen Sie die Bänder an der Unterseite des Kissens von Hand an.

Inhalt

Ausführung

1 Herstellen der Schablone

Sie können die Schablone für beide Seiten Ihrer Arbeit verwenden: Falten Sie das Papier in der Mitte, zeichnen Sie einen Viertelkreis und schneiden Sie ihn aus. Beim Auseinanderfalten erhalten Sie einen Halbkreis.

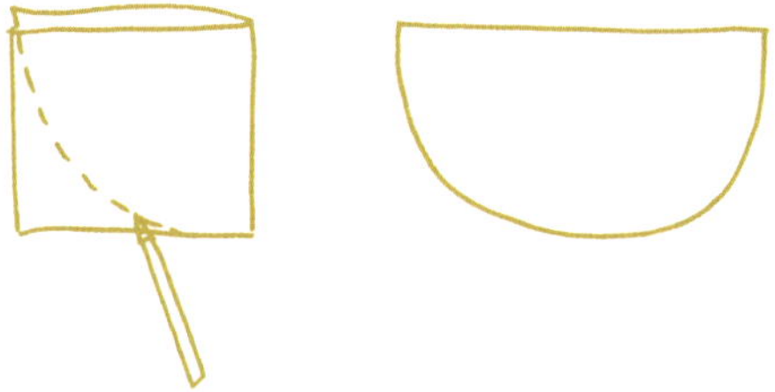

2 Zuschneiden der Teile

Falten Sie den Stoff für die Unterseite in der Mitte. Setzen Sie die Schablone mit der geraden Seite 1 cm vom Falz an. Schneiden Sie entlang der Rundung. Dann Schneiden Sie im Stofffalz. Sie erhalten zwei Halbkreise. Falten Sie die Schablone zweimal. Schneiden Sie ein Drittel aus. Mithilfe dieser neuen Schablone können Sie drei Dreiecke auf den Stoff zeichnen, fügen Sie immer 0,5 cm an den langen Seiten hinzu.

3 Zusammennähen des Oberteils

Stecken Sie die Dreiecke rechts auf rechts zusammen und wechseln Sie die Stoffe ab. Steppen Sie 0,5 cm beginnend mit der Spitze des Dreiecks.

4 Einsetzen der Paspel

Setzen Sie den Reißverschlussfuß in die Maschine ein. Stecken Sie die Paspel mit der Kordel nach innen am Rand des Kreises fest. Steppen Sie möglichst nah am Wulst. Entfernen Sie die Kordel auf 0,5 cm aus dem Band, um die beiden Enden zusammenzubringen und nähen Sie sie mit ein paar Stichen zusammen.

Meine Nähmaschine

Haben Sie keine Scheu vor der Nähmaschine, trotz aller Technik! Sie werden sie sich schnell zunutze machen! Auf den folgenden Seiten erfahren Sie, was zu einer kompletten Nähausstattung gehört. Sie erkunden die einzelnen Teile Ihrer Maschine und das Zubehör mit den jeweiligen Funktionen. Sie werden sehen, Ihre ersten Näherfolge werden nicht lange auf sich warten lassen.

Rundes Hockerkissen

Hier übe ich

- Den Nähfuß wechseln
- Eine Paspel einsetzen
- Einen Reißverschluss einsetzen
- Ein Patchwork nähen

Bei dieser nicht allzu schwierigen Arbeit fertigen Sie Patchwork, setzen eine Paspel und einen Reißverschluss ein und zeigen damit Ihre Fortschritte als Hobbyschneiderin. Ein wenig einfacher ist es, wenn Sie das Kissen ohne Paspel arbeiten und das Patchwork durch zwei runde Stoffstücke ersetzen.

Material

Maße der fertiggestellten Arbeit: 40 cm Durchmesser

- 20 x 25 cm von zwei bedruckten Stoffen und einem Streifensamt (rot)

- 40 x 65 cm Streifensamt (khaki)

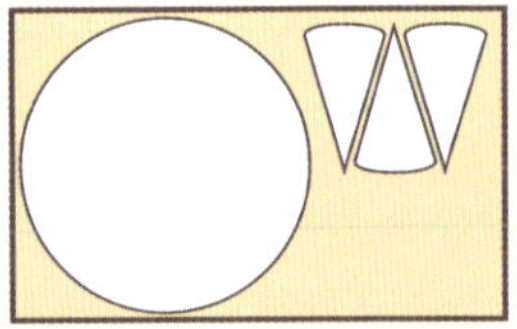

- Roter Stoffrest
- 1,20 m rote Paspel
- Ein beziehbarer Knopf mit ca. 3 cm Durchmesser
- Reißverschluss 40 cm Länge
- Ein Schaumstoffkreis mit 38 cm Durchmesser
- 2,40 m Band
- 19 x 38 cm weißes Papier
- Zirkel
- Zum Stoff passendes Garn

Schneiden Sie die Teile mithilfe dieser Schablonen und entsprechend der Anleitung aus.

Eine Nähmaschine kommt ins Haus

Welche Maschine ist für mich die richtige?

Sie haben sich gerade eine Nähmaschine gekauft? Oder sind Sie kurz davor? Dann sollten Sie sich für ein Basismodel entscheiden, das die Grundstiche wie Gerad- oder Zickzackstich, den Stretch- und den Knopflochstich sowie eine Auswahl an Stichlängen anbietet. Zusätzliche Funktionen, meist eine beachtliche Anzahl an Zierstichen, sind zwar auf den ersten Blick verführerisch, kommen jedoch meist selten zum Einsatz.

Belasten Sie sich für den Anfang nicht mit einem komplizierten Nähcomputer. Wählen Sie eine mechanische, bedienungsfreundliche Maschine mit einer einfachen Handhabung.
Darüber hinaus bieten die elektronischen Maschinen eine große Anzahl an Stickstichen. Sollten Sie bereits eine solche Maschine besitzen, konzentrieren Sie sich zunächst auf die grundlegenden Funktionen.
Ganz gleich, mit welcher Maschine Sie starten, seien Sie zuversichtlich! Bisher hat noch jede Hobbyschneiderin ihre Nähmaschine in den Griff bekommen. Sagen Sie sich, dass alle Maschinen, egal in welcher Ausstattung, ähnlich funktionieren.

Auswahl ihres Nähplatzes

Auch wenn Ihre Maschine selbst nicht viel Raum braucht, sollten Sie für einen stabilen und freien Arbeitsplatz sorgen. Ein Schreibtisch oder ein Küchentisch genügt. Wenn Sie zum Zuschneiden des Stoffes eine größere Fläche benötigen, können Sie den Stoff auf dem Fußboden ausbreiten.
Ein höhenverstellbarer Stuhl ist für eine gute Sitzposition beim Nähen mit der Maschine und ein bequemer Sessel mit Armlehnen für die Näharbeiten von Hand unverzichtbar.
Wichtige Verbündete Ihrer Nähmaschine sind der Bügeltisch und das Bügeleisen. Sie sollten immer in Reichweite aufgestellt sein. Das macht keinen schlechten Eindruck, ganz im Gegenteil, so können Sie nach und nach die Nähte aufbügeln, was eine perfekte Ausarbeitung garantiert!

Modelle

Ausführung

1 Zusammennähen der Oberseite

Nähen Sie die 6 Stoffstreifen nach und nach zusammen: Stecken und steppen Sie den Stoff rechts auf rechts an den langen Seiten zusammen. Bügeln Sie die Naht auf.

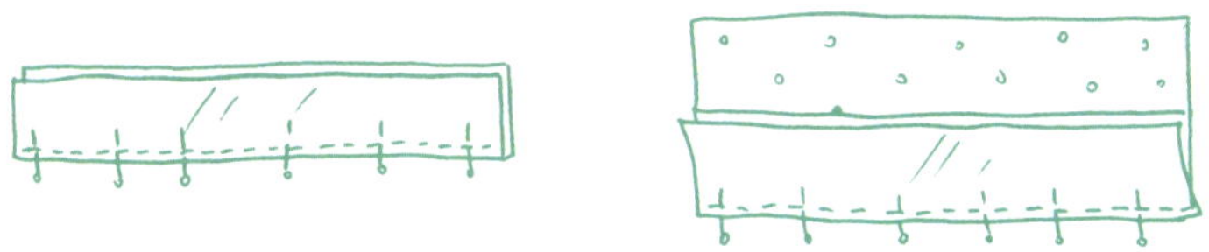

2 Annähen der Einfassung

Legen Sie das Einfassband rechts auf rechts auf die vier Seiten des Patchworks, lassen Sie es etwas überstehen. Steppen Sie jede Seite bis 1 cm vor jeder Ecke des Patchworks. Falten Sie das Patchwork in der Diagonalen rechts auf rechts. Legen Sie die Enden der Einfassbänder in der Achse mit dem Falz rechts auf rechts. Stecken Sie sie fest. Steppen Sie, indem Sie die Diagonale verlängern. Bei den anderen Ecken genauso verfahren. Öffnen Sie die Nähte mit dem Bügeleisen.

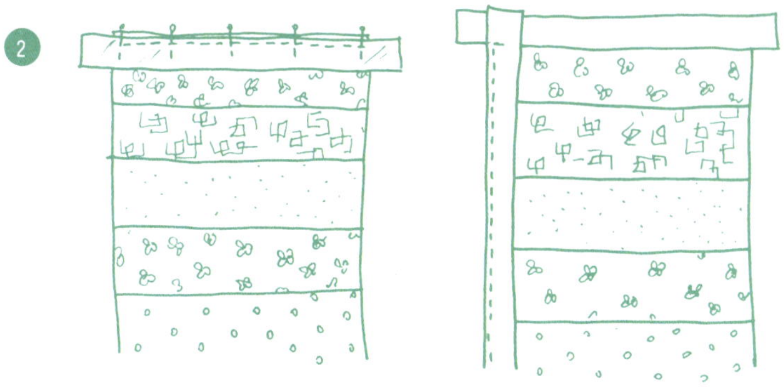

3 Zusammennähen des Volumenvlieses und der Unterseite

Legen Sie die linke Seite des Patchworks auf das Volumenvlies. Legen Sie den Stoff für die Unterseite schön bündig darüber. Stecken Sie die vier Seiten fest. Steppen Sie einmal rundum und lassen Sie eine Öffnung von 20 cm auf einer der Seiten. Schneiden Sie das überstehende Vlies in den Ecken ab.

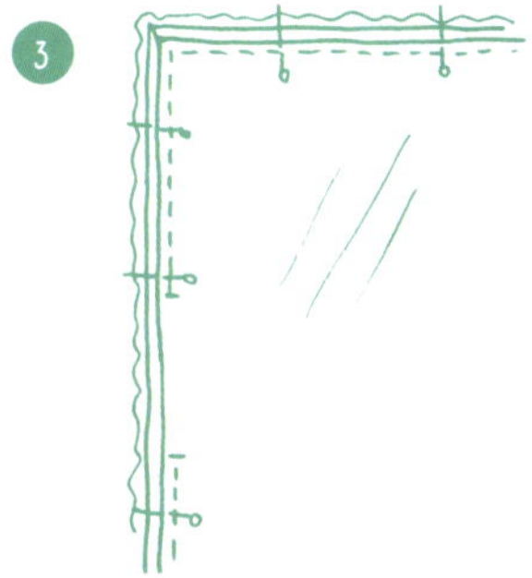

4 Ausarbeitung

Wenden Sie die Arbeit durch die Öffnung. Arbeiten Sie die Ecken aus. Schließen Sie die Öffnung von Hand im Blindstich. Bringen Sie von Hand mit zwei Fäden Handstickgarn im Vorstich eine Naht 0,5 cm von den Patchworkrändern an. Achten Sie darauf, alle Lagen zusammenzufassen.

Aufbau der Nähmaschine

In dieser Zeichnung sehen Sie die Hauptbestandteile einer Nähmaschine. Je nach Modell können diese unterschiedlich aussehen. Knöpfe und Bedienungshebel können woanders angebracht sein. Lernen Sie Ihre Maschine mit Hilfe der Bedienungsanleitung kennen.

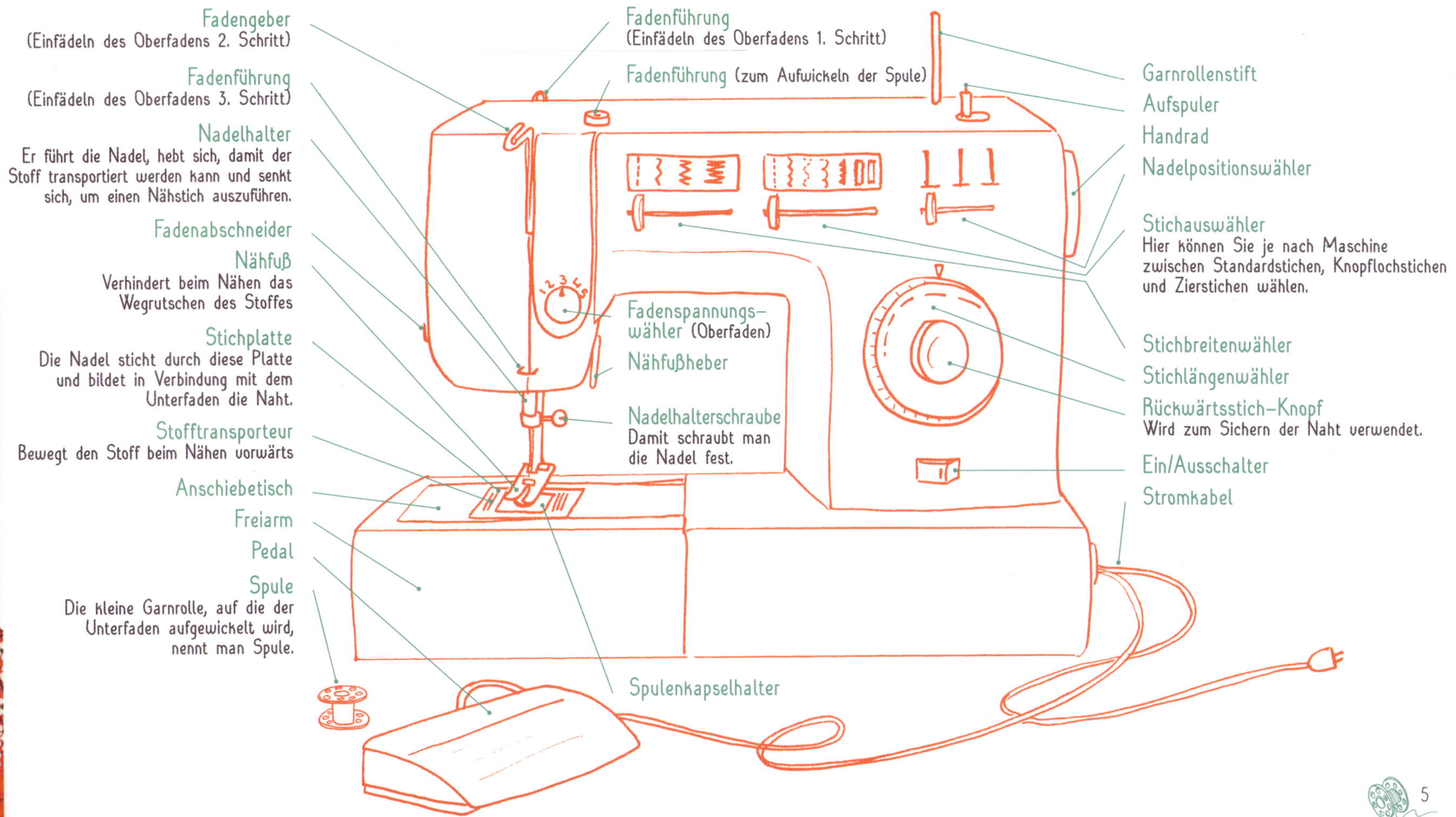

Krabbeldecke

Hier übe ich

- Zusammennähen
- Mit Volumenulies unterfüttern
- Arbeit einfassen

Diese leicht anzufertigende Näharbeit ist eine tolle Geschenkidee zur Geburt. Lassen Sie Ihrer Phantasie freien Lauf und kombinieren Sie Farben und Muster. Legen Sie die Stoffteile auf dem Boden aus und wählen Sie die Kombination, die Ihnen am besten gefällt. Keine Sorge, hier können Sie nichts falsch machen!

Material

Maße der fertiggestellten Arbeit: 91 x 136 cm (es ist möglich, dass die Arbeit kleiner ausfällt, je nach der Stärke des Volumenulieses)

Unterseite und Volumenulies

- 88 x 138 cm Stoff und Volumenulies

Oberseite

- 44 x 75 cm Stoff (hier geblümt)

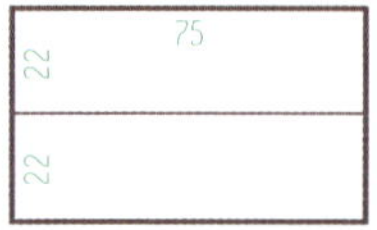

Einfassband

- 44 x 140 cm roter Stoff

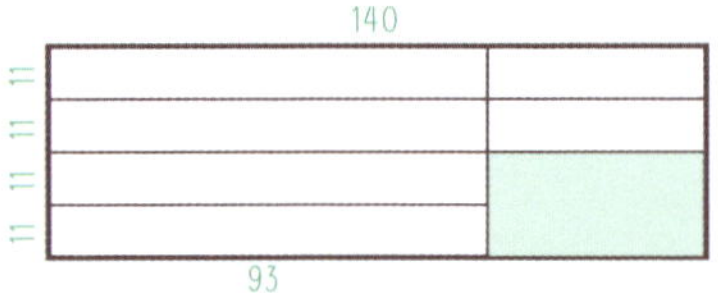

- 22 x 75 cm von vier anderen passenden Stoffen

- Zum Stoff passendes Garn
- Mouliné Handstickgarn

Die angegebenen Maße sehen eine Nahtzugabe von 1 cm vor.

Wie funktioniert meine Nähmaschine?

Einstellung der Fadenspannung Mit dem Oberfadenspannungsregler wird die Oberfadenspannung eingestellt. Je höher die Zahl auf dem Spannungsregler, desto höher ist die Fadenspannung. Wenn die Fadenspannung richtig eingestellt ist, kreuzen sich der Oberfaden und der Unterfaden im Stoff und bilden so die Naht. Wenn die Oberfadenspannung zu schwach ist, ist die Naht auf der Oberseite der Arbeit zu locker und auf der Unterseite zu gespannt. In diesem Fall sollten Sie den Fadenspannungsregler höher einstellen. Wenn die Spannung des Oberfadens zu stark ist, ist die Naht an der Oberseite der Arbeit zu sehr gespannt und an der Unterseite zu locker. In diesem Fall sollten Sie den Fadenspannungsregler niedriger einstellen. Beim Kauf der Nähmaschine hat diese eine Standardeinstellung für die Fadenspannung, oft an einem speziellen Symbol erkennbar. Für sehr feste oder sehr feine Stoffe ist die Spannungseinstellung entsprechend anzupassen, sodass die Fadenkreuzung im Stoff stattfindet. Probieren Sie, bevor Sie eine Näharbeit beginnen, die Spannungseinstellung an einem doppelt gelegten Stoffrest aus.

Der Fadenabschneider Es gibt ihn an vielen Nähmaschinen, immer in der Nähe des Nähfußes. Er erweist sich als sehr praktisch, und kann, im Gegensatz zur Schere, niemals verlegt werden.

Das Handrad Verwenden Sie das Handrad, rechts an Ihrer Maschine. Es wird gerne vergessen, hat aber dieselbe Funktion wie das Pedal. Das Handrad ermöglicht präzises Arbeiten, vor allem zu Beginn oder am Ende einer Naht.

Der Anschiebetisch und der Freiarm Die meisten Maschinen verfügen über einen abnehmbaren Anschiebetisch. Nehmen Sie ihn ab, können Sie röhrenförmige Teile nähen.

Der Rückwärtsstich Mit dem Rückwärtsstich sichern Sie Nahtanfang und -ende, indem Sie ein paar Stiche in die Gegenrichtung steppen.

Die Position der Nadel Die Nadel kann rechts, links oder in der Mitte stehen. Die seitlichen Positionen verwendet man zum Einnähen eines Reißverschlusses, wenn kein Reißverschlussfuß zur Verfügung steht oder zum Übersteppen.

Das Feststellen des Nähfußes Bei manchen Maschinen drückt der Nähfuß automatisch auf den Stoff, sobald man das Pedal betätigt, bei anderen muss der Nähfuß mechanisch bewegt werden. In jedem Fall werden Sie sich schnell daran gewöhnen.

Das Zubehör Ihre Maschine wird mit Zubehör geliefert. Dies besteht in der Regel aus Spulen, Nadeln unterschiedlicher Stärke und verschiedenen Nähfüßen. Dieses Zubehör ist auch in Kurzwarengeschäften oder in den Handarbeitsabteilungen der Kaufhäuser erhältlich. Achten Sie darauf, für Ihre Maschine passendes Zubehör zu kaufen.

Das Pedal Es ist das Gaspedal Ihrer Maschine. Je stärker der Druck, desto schneller nähen Sie. Sie bestimmen Ihre Geschwindigkeit!

Und die Pflege?

Es erfordert nicht viel, aber Ihre Maschine läuft mit etwas Pflege besser.
Reinigen Sie die beweglichen Teile der Maschine (Spulenkapsel, Spule, Nadelhalter) und den Spulenkapselhalter, in dem sich gerne Flusen ansammeln, regelmäßig mit einem harten Pinsel und ölen Sie die Maschine mit speziellem Nähmaschinenöl (kein Speiseöl!). Legen Sie nach Beenden ihrer Näharbeit zum Aufbewahren der Maschine ein dickes Stück Stoff unter den Nähfuß, senken Sie ihn ab und drehen Sie am Handrad bis die Nadel in den Stoff sticht.

Ausführung

1 Pfoten und Ohren

Legen Sie jeweils zwei Teile rechts auf rechts aufeinander. Runden Sie jeweils zwei Ecken ab (kurze Seite für die Pfoten). Stecken und steppen Sie sie, lassen Sie dabei die der abgerundeten Seite gegenüberliegende offen. Wenden und bügeln.

2 Zusammennähen der Seiten

Legen Sie das Ober- und das Unterteil jeder Seite rechts auf rechts aufeinander. Stecken und nähen Sie eine der langen Seiten. Anschließend bügeln.

3 Gesicht

Schneiden Sie Nase und Augen aus. Stecken Sie sie auf einer der Seiten fest. Steppen Sie sie im engen Zickzackstich rundum auf. Zeichnen Sie das Schnäuzchen ein. Steppen Sie im engen Zickzackstich die Zeichnung nach.

4 Schwanz

Legen Sie den Schwanz rechts auf rechts der Länge nach doppelt. Stecken Sie den Gummi an einem der Enden fest, steppen Sie dieses Ende und die lange Seite. Durch die Öffnung wenden. Ziehen Sie am Gummi bis zur Öffnung und raffen damit den Stoff. Sichern Sie den Gummi mit einer Nadel oder mit ein paar Stichen.

5 Zusammennähen der Kuschelkatze

Stecken Sie die Pfoten, den Schwanz und die Ohren fest und legen Sie die jeweils offene Seite auf den Rand der bestickten Seite (Vorderseite), rechts auf rechts. Legen Sie die Rückseite der Kuschelkatze rechts auf rechts darauf. Stecken Sie die vier Seiten zusammen. Steppen Sie und lassen Sie eine Öffnung von 10 cm.

6 Ausarbeitung

Wenden und stopfen Sie das Kissen aus. Schließen Sie die Öffnung im Blindstich.

1
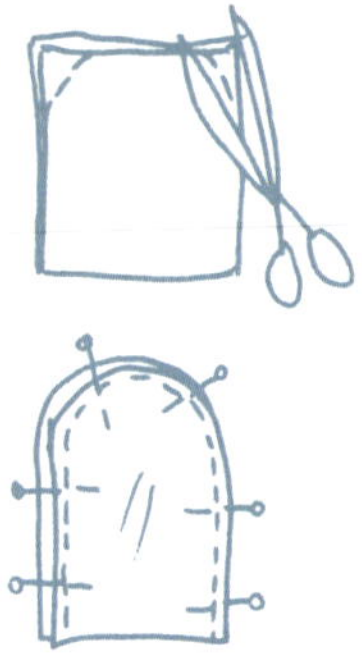

2

3

4
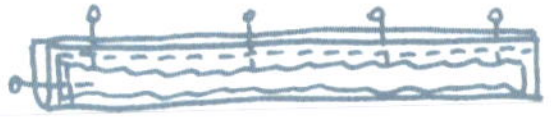

5
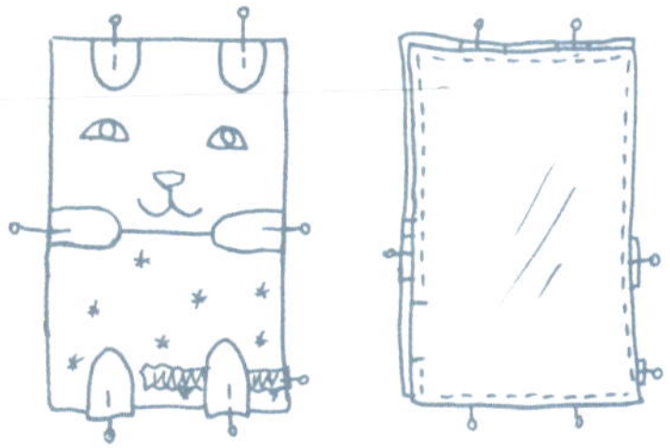

6

Nase

Augen

Die Nähnadeln

Treffen Sie die richtige Wahl

Für eine schöne Naht ist es wichtig, die Nadel entsprechend dem verwendeten Stoff auszuwählen. Sie werden im kompletten Sortiment oder nach Nadelstärke verkauft. Die Nadeln sind in den Stärken 60 bis 110 erhältlich. Je höher die Nadelstärke, je besser ist die Nadel für dicke Stoffe geeignet. Die Größe steht auf der Verpackung und auf der Nadel. So sehen Sie auch, welche Nadel momentan in der Maschine ist.

Nadelstärke 60 eignet sich für Seide.
Nadelstärke 70 eignet sich gut für feine Baumwoll- oder Libertystoffe.
Stärke 80 und 90 eignen sich für die meisten Bekleidungsstoffe. Wählen Sie für festere Materialien wie Dekostoffe, oder falls Sie mehr als zwei Lagen nähen wollen, eine höhere Nadelstärke.

Es gibt Spezialnadeln, die zum Nähen von Jerseystoffen, Jeansstoff oder Leder verwendet werden, und es gibt Zwillingsnadeln...

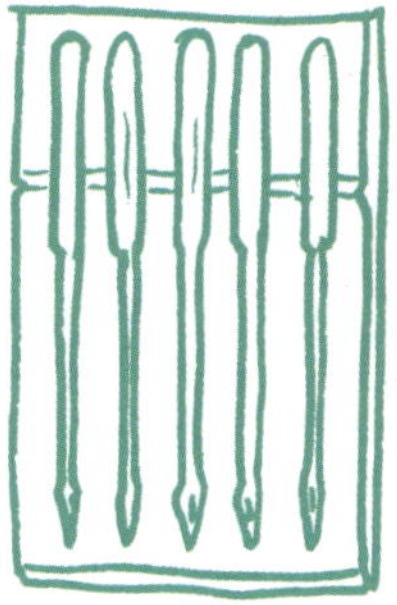

Beschädigte Nadeln

Eine stumpfe oder eine verbogene Nadel kann den Stoff beschädigen. Außerdem kann der Faden reißen, wenn er in eine abgenutzte Nadel eingefädelt wird. Wechseln Sie daher die Nähmaschinennadel rechtzeitig. Für die meisten Maschinen eignen sich Standardnadeln mit Flachkolben. Vergewissern Sie sich, welche Nadeln in Ihre Maschine passen, bevor Sie welche nachkaufen.

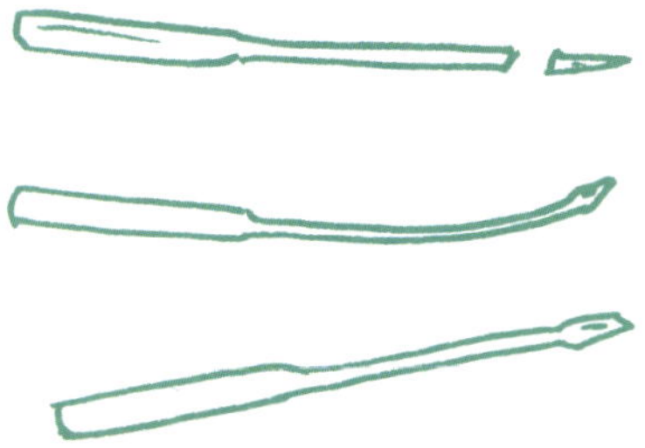

Einsetzen der Nadel

Schrauben Sie den Nadelhalter auf, setzen Sie die Nadel mit dem Nadelschaft nach hinten ein. Den Nadelhalter wieder zuschrauben, fertig!

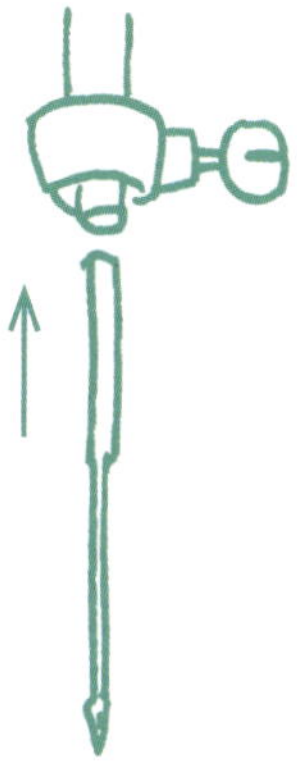

Wo soll die Naht angebracht werden?

Zum Nähen muss der Stoff unter den Nähfuß gelegt werden, dabei sollte die Stoffkante im gewünschten Abstand zur Nadel ausgerichtet sein, hier verläuft die zukünftige Naht. Bei manchen Maschinen sind Gradzahlen in die Stichplatte eingraviert. An dieser Linie können Sie den Stoff ausrichten. Die Entfernung von der Nadel zur Stoffkante ist in Millimetern oder Zentimetern angegeben.

Kuschelkissen

Dieses süße Kuschelkissen ist ganz einfach nachzuarbeiten. Lassen Sie Ihrer Kreativität freien Lauf. Verändern Sie die Form der Ohren und der Nase oder die Farben, ganz nach den Vorlieben des zukünftigen kleinen Besitzers. Katze, Bär oder Hase – es gibt unzählige Variationen für dieses Modell.

Hier übe ich
Zusammennähen
Eine Arbeit wenden
Stoff applizieren

Material

Größe der fertiggestellten Arbeit: 27 x 40 cm ohne Pfoten und Ohren

- 13 x 40 cm geblümter Vichy Karo Stoff

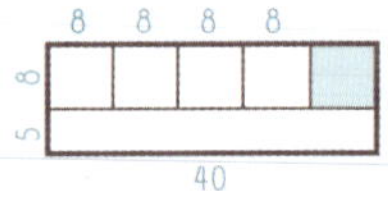

- 22 x 58 cm roter Stoff mit Sternen

- Stoffreste
> 5 x 8 cm weißer Stoff (Augen)
> 2 x 4 cm blauer Stoff (Pupillen)
> 3 x 5 cm rosafarbener Stoff (Nase)

- 38 x 58 cm einfarbiger roter Stoff

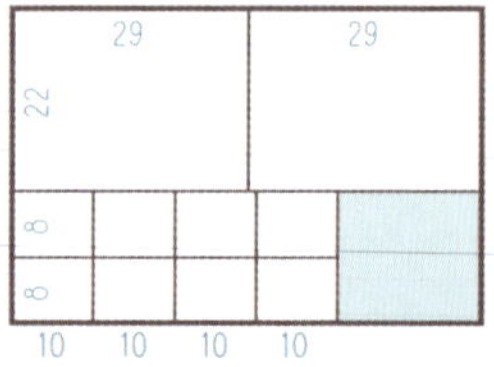

- 300 Gramm Füllwatte
- 25 cm Gummiband, 2 cm breit
- Zum Stoff passendes Garn

Die angegebenen Maße sehen eine Nahtzugabe von 1 cm vor.

Einfädeln des Oberfadens

Damit Ihre Nähmaschine zum Einsatz kommen kann, müssen Sie zunächst lernen, die Spule einzusetzen und den Faden einzufädeln. Das wird in der Bedienungsanleitung jeder Maschine genau beschrieben. Für eine gleichmäßige Naht sollten Sie für Ober- und Unterfaden dieselbe Qualität verwenden.

Aufspulen

Setzen Sie die leere Spule auf die Spindel. Nehmen Sie den Faden der Garnrolle und fädeln ihn in den Fadeneingang der Spule entsprechend der Anleitung des Herstellers. Wickeln Sie von Hand den Faden mehrfach fest um die Spule. Schieben Sie die Spule auf der Spindel nach rechts. Lösen Sie den Nähantrieb, der sich in der Mitte des Handrads befindet, damit der Motor nicht unnötig die Nadel bewegt. Betätigen Sie das Pedal. Die Spule stoppt automatisch, wenn sie voll ist. Schieben Sie die Spindel zurück nach links an die Nähposition. Stellen Sie den Nähantrieb wieder fest. Schneiden Sie den Faden zwischen Garnrolle und Spule ab.

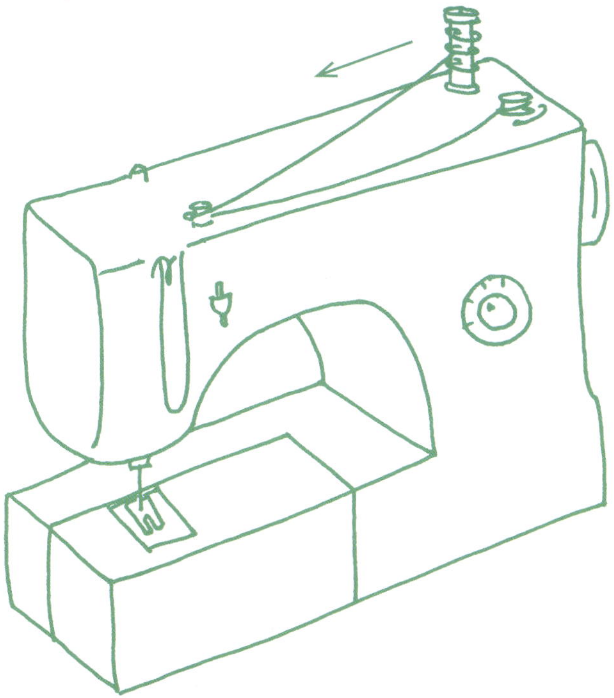

Einfädeln des Oberfadens

Stecken Sie die Garnrolle auf den Garnrollenhalter.
Der eingefädelte Oberfaden durchläuft normalerweise drei Etappen der Fadenführung (obere Fadenführung, Fadenheber, untere Fadenführung). Lassen Sie keine Etappe aus. Führen Sie dann den Faden entlang des Nadelhalters und fädeln ihn von vorne nach hinten in die Nadel ein.

Meine Nähmaschine

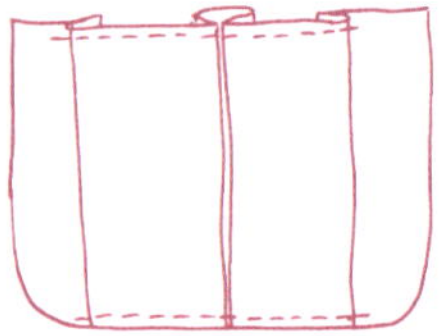

2 Fixieren der Falten

Steppen Sie auf jeder Seite die Falten im Geradstich 0,5 mm vom oberen und vom unteren Rand.

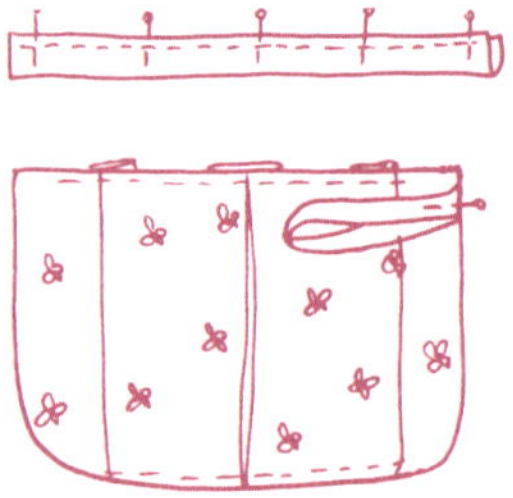

3 Bindeband

Falten Sie den Streifen rechts auf rechts, stecken und steppen Sie die lange Seite, dann wenden und bügeln. Setzen Sie das Bindeband 2 cm von oben auf eine der Seiten des Täschchens. Stecken Sie die Enden schön flach, das eine auf das andere, um eine Schlinge zu bilden.

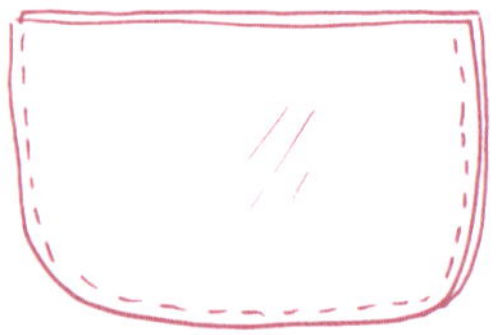

4 Das Futter zusammennähen

Runden Sie die unteren Ecken ab, indem Sie die Außenseiten übereinanderlegen. Passen Sie falls nötig die Größe der Teile für das Futter an. Legen Sie die zwei Teile für das Futter rechts auf rechts. Stecken Sie die drei Seiten (rechts, unten und oben) und steppen Sie sie ab.

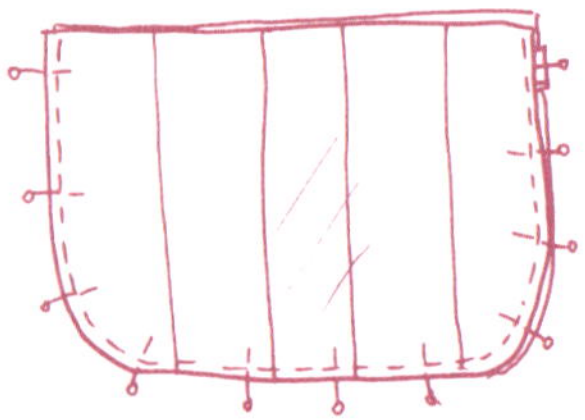

5 Zusammennähen der äußeren Stoffe

Legen Sie die beiden Seiten rechts auf rechts aufeinander. Stecken Sie die drei Seiten. Nähen und wenden Sie die Arbeit.

Ziehen Sie das Futter links auf links und Naht auf Naht in das Täschchen.

6 Annähen des Umschlags

Legen Sie die beiden Streifen des Umschlags rechts auf rechts übereinander. Stecken Sie die beiden kurzen Seiten. Steppen und passen Sie sie an den oberen Teil der Arbeit an. Klappen Sie den Umschlag um und falten Sie ihn zur Hälfte der Höhe. Bügeln und dann durch Wenden wieder öffnen. Legen Sie den unteren Teil des Bandes um den oberen Teil des Täschchens, rechts auf rechts. Stecken und Nähen. Klappen Sie das Band um. Falten Sie es auf 1 cm nach innen und nähen Sie oberhalb des Futters von Hand im Blindstich.

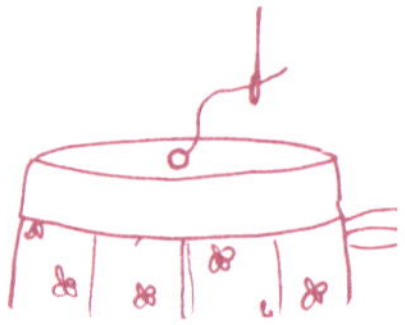

7 Ausarbeitung

Nähen Sie auf die Innenseite des Täschchens die beiden Hälften des Druckknopfes an.

Einfädeln des Unterfadens

Bei den modernen Maschinen kann die Spule entweder liegend in einer festen Spulenkapsel eingesetzt werden, die von oben über die Arbeitsplatte durch den Schieber zugänglich ist, oder vertikal in einer herausnehmbaren von vorne zugänglichen Spulenkapsel, nachdem der Anschiebetisch entfernt und die Klappe geöffnet wurde.
Setzen Sie die Spule in die Kapsel oder in den Spulenhalter und ziehen Sie den Faden zu sich und nach links. Die Spulenkapsel hat immer zwei Kerben. Fädeln Sie den Faden in die von Ihnen aus gesehen erste Kerbe ein, ziehen Sie den Faden nach hinten bis zum Ende des Schlitzes, und ziehen Sie den Faden dann durch die zweite Kerbe.

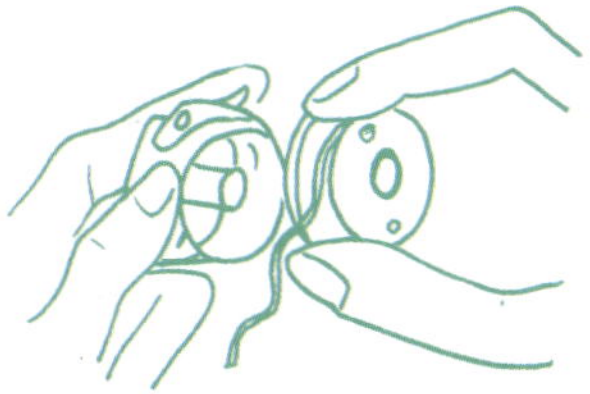

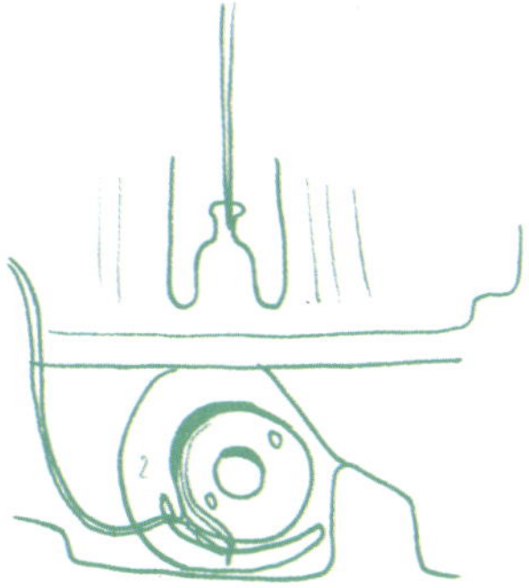

Heben des Unterfadens

Nach der zweiten Kerbe, ziehen Sie ca. 10 cm Faden quer über die Spule. Jetzt muss der Faden nach oben gebracht werden: Halten Sie das Ende des Nadelfadens, ohne daran zu ziehen, in der linken Hand und drehen Sie mit der rechten Hand langsam das Handrad auf sich zu, um die Nadel in die Stichplatte zu senken. Halten Sie den Faden und drehen Sie weiter am Handrad, um die Nadel zu heben: sie bringt den Unterfaden als Schlinge nach oben.
Ziehen Sie vorsichtig am Unterfaden, um die Schlinge zu lösen. Ziehen Sie den Unter- und den Oberfaden nach hinten unter den Nähfuß. Die Fäden sollten ungefähr 10 cm lang sein. Wird die Spule horizontal eingesetzt, schließen Sie den Schieber. Falls sie vertikal eingesetzt wird, schließen Sie die Klappe und setzen Sie den Anschiebetisch wieder ein.

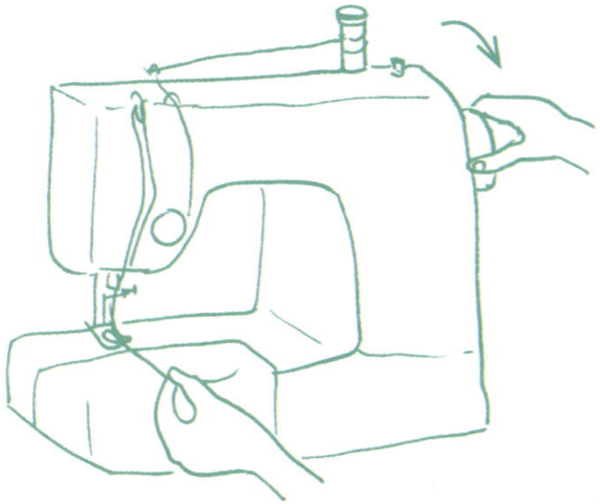

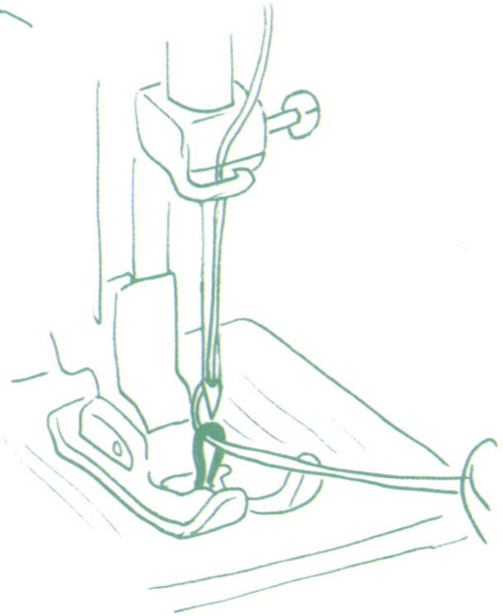

6 Tunnelzug

Schlagen Sie den Umschlag 1 cm nach innen, dann schlagen Sie ihn nach vorne um. Stecken und steppen Sie den unteren Teil 2 mm vom Rand. Steppen Sie 1,5 cm vom oberen Rand des Umschlags rundum. Ziehen Sie mit einer Sicherheitsnadel das Bindeband durch eine der Öffnungen und führen es zweimal durch. Lassen Sie das Band auf beiden Seiten herausschauen. Nähen Sie die beiden Enden zusammen.

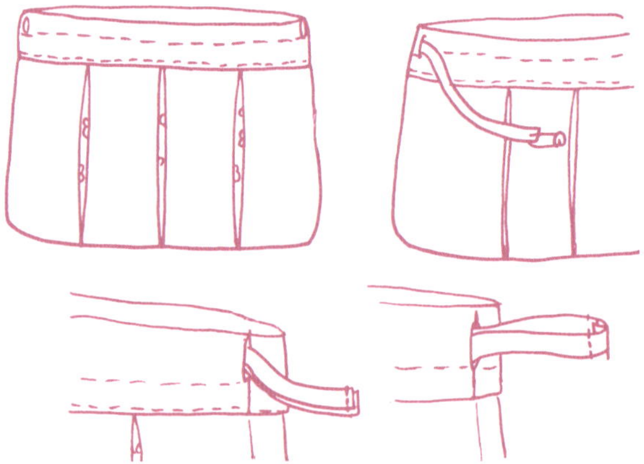

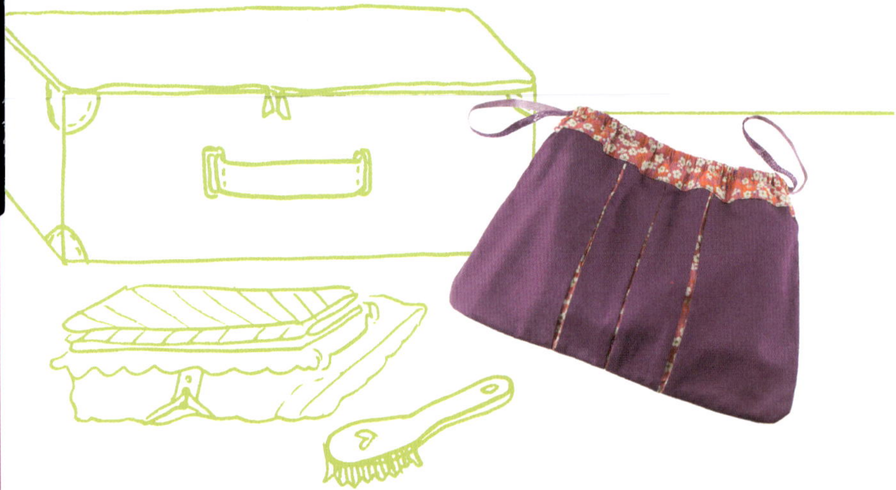

Material für das kleine Täschchen

- 15 x 50 cm Liberty Stoff

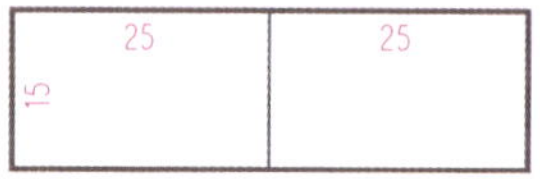

- 15 x 40 cm rosafarbener Futterstoff

- 24 x 35 cm lilafarbener Stoff

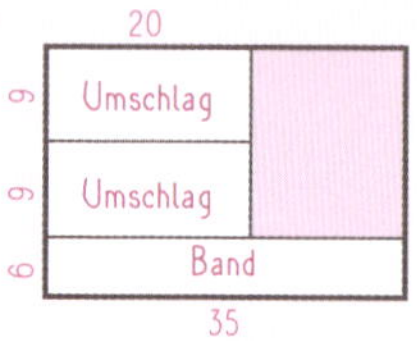

- Ein Druckknopf
- Zum Stoff passendes Garn

Falls nicht anders angegeben, ist eine Nahtzugabe von 1 cm vorgesehen.

Nähen des kleinen Täschchens

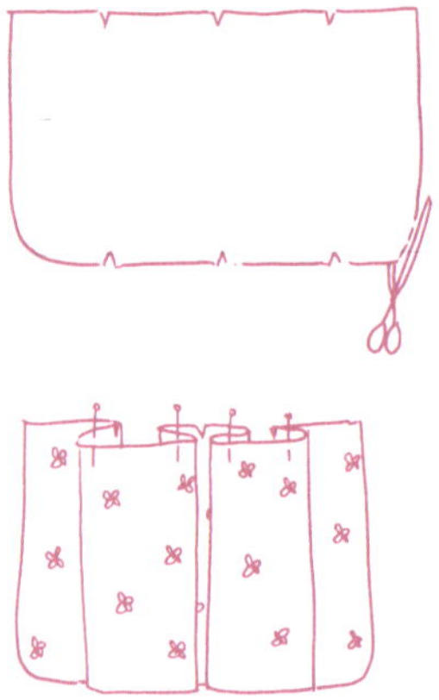

1 Vorbereitung der Falten

Falten Sie eine Außenseite zur Hälfte, bringen Sie oben und unten eine Kerbe an, um die Mitte zu kennzeichnen. Von der Mitte aus schlagen Sie jede Seite zur Hälfte um und kennzeichnen diesen Umschlag mit einer Kerbe. Runden Sie die unteren Ecken um 3 cm ab. Legen Sie die Kellerfalte mittig auf beide Seiten der mittleren Kerbe und falten Sie sie auf 0,5 cm, zunächst zur Mitte, dann nach außen. Stecken Sie die Falten ab. Falten Sie für die seitlichen Quetschfalten den Stoff auf der Linie der Kerben, dann legen Sie ihn 1 cm nach außen um. Stecken Sie die Falten. Bereiten Sie die zweite Außenseite ebenso vor.

Die Nähfüße

In Frankreich wird er, vermutlich wegen seiner Form, liebevoll ‚Rehfuß' genannt. Bei uns nennt man diesen wichtigen Teil der Nähmaschine Nähfuß oder auch Presserfuß. Er verhindert das Wegrutschen des Stoffs während des gesamten Nähvorgangs.

Nähfüße gibt es in verschiedenen Ausführungen für jeweils unterschiedliche Verwendungszwecke. Für den Anfang genügen die Nähfüße, die mit der Maschine geliefert werden. Mit ihnen können Sie 99% aller Näharbeiten anfertigen.

Universal-Nähfuß Er hat am Ende zwei Kufen und dazwischen eine ovale Öffnung, durch die die Nadel sticht. Beim Kauf einer neuen Maschine ist der Universalfuß aufgesteckt, da er der meist verwendete Nähfuß ist. Mit ihm werden die Grundstiche wie Geradstich und Zickzackstich durchgeführt. Manche Maschinen werden mit einem Spezialnähfuß für Geradstiche geliefert, der dem Universal-Fuß ähnlich ist, jedoch noch ein zusätzliches kleines Loch hat. Er kann für das Nähen von schwierigen Stoffen ganz nützlich sein, ein zusätzlicher Kauf ist jedoch nicht gerechtfertigt.

Reißverschluss-Fuß Mit seiner geraden Form eignet er sich hervorragend zum Einsetzen von Paspeln, Zierborten (mit Perlen, Pailletten, Stickereien ...) und Reißverschlüssen. Er wird rechts oder links vom Nähfußhalter ausgerichtet und ermöglicht, dicht an der Kordel der Paspel oder den Zähnen des Reißverschlusses entlang zu nähen.

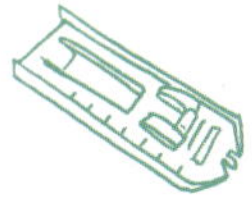

Knopflochfuß Wie der Name schon sagt, wird er für das Nähen von Knopflöchern verwendet und erspart Ihnen damit kostbare Zeit.

Die Grundstiche der Nähmaschine

Genau wie bei den Nähfüßen, muss auch Ihre Nähmaschine nicht überausgestattet sein. Mit der Grundausstattung können Sie die meisten Situationen bewältigen.

Der Geradstich (oder Steppstich)

Den Geradstich erhält man, wenn man die Breite auf 0 stellt. Dann bewegt sich die Nadel nur rauf und runter. Die Länge kann jedoch unterschiedlich eingestellt werden. Dieser Stich wird für die meisten Säume, abgesteppte Ränder, zum Einsetzen von Reißverschlüssen usw. verwendet. Stellt man die größte Stichlänge ein, kann er ebenso zum Kräuseln verwendet werden.

Der Zickzackstich

Er ist ebenso unverzichtbar wie der Geradstich. Beim Zickzackstich kann sowohl die Länge als auch die Breite eingestellt werden. In erster Linie werden mit ihm Stoffkannten versäubert und damit das Ausfransen verhindert. Wählt man die kleinste Längeneinstellung, kann man mit dem Zickzackstich, ähnlich dem Satinstich, Applikationen aufnähen. Falls Ihre Nähmaschine keine Knopflochfunktion hat, können sie diesen Stich auch zum Knopflochnähen verwenden.

Stretchstich

Der Stretchstich wird für Stoffe wie Jersey (T-Shirt Stoff), Lycra oder andere elastische Stoffe verwendet. Es gibt unterschiedliche Stretchstiche. Der haltbarste ist der Dreifachstich; er hat drei vertikale Striche als Symbol. Die Maschine näht zwei Stiche vor und einen zurück. Eine ebenfalls verbreitete Variante ist der elastische Zickzack-Stich. Er ist nicht so stabil wie der Stretchstich, reicht jedoch für Säume auf elastischen Stoffen. Der Stoff verzieht sich nicht und bleibt dehnbar. Achten Sie darauf Jersey-Nadeln zu verwenden, damit erhalten Sie ein besseres Nähergebnis.

Anfertigen des großen Täschchens

1 Zusammennähen der äußeren Stoffteile

Runden Sie die unteren Ecken der vier Seitenteile um 3 cm ab (Sie können eine Papierschablone verwenden). Setzen Sie die Stoffe abwechselnd zusammen, stecken und steppen Sie sie. Öffnen Sie die Nähte mit dem Bügeleisen.

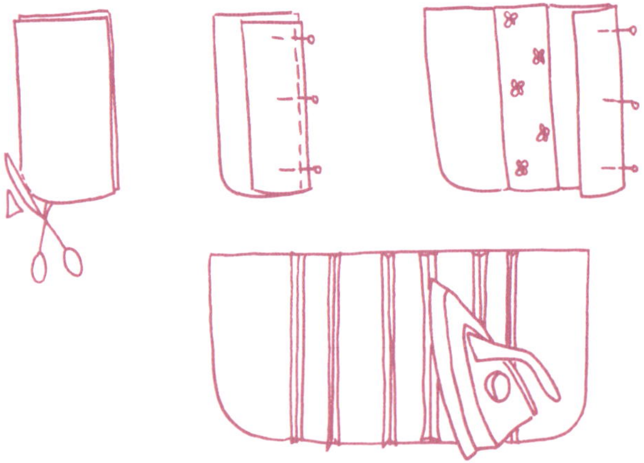

2 Nähen der Kellerfalten

Legen Sie die Falten, indem Sie die Nähte auf Stoß in der Mitte des gemusterten Stoffes zusammenbringen. Stecken Sie die Falten ab. Steppen Sie die Falten auf beiden Seiten im Geradstich oben und unten 0,5 cm vom Rand ab.

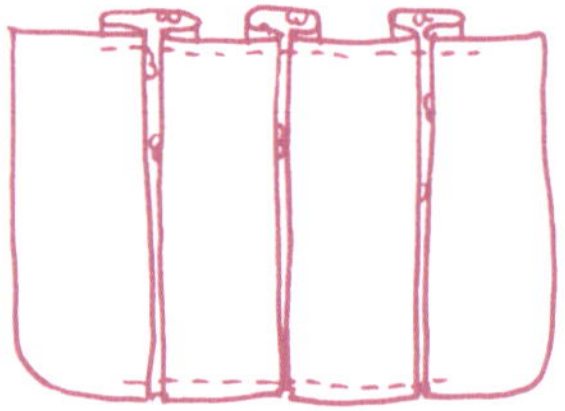

3 Zusammennähen der äußeren Teile

Legen Sie die beiden Seiten rechts auf rechts. Stecken Sie die drei Seiten (links, rechts und unten) ab. Steppen und wenden Sie die Arbeit.

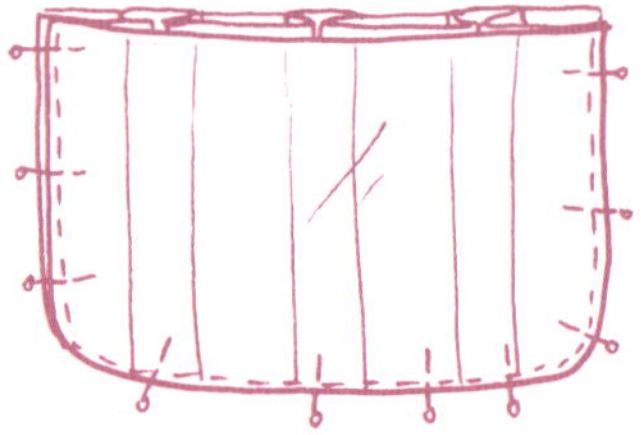

4 Das Futter zusammennähen

Runden Sie die unteren Ecken um 3 cm ab. Stecken Sie die beiden Stoffe rechts auf rechts an drei Seiten zusammen. Steppen Sie das Futter zusammen, dann stecken Sie das Täschchen links auf links in das Futter.

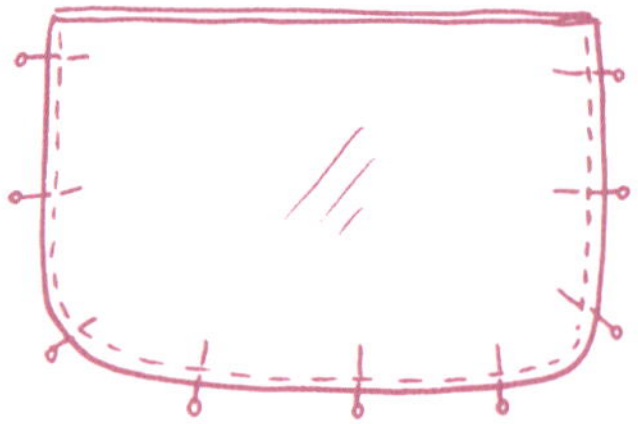

5 Annähen des Umschlags

Stecken Sie die beiden Bänder für den Umschlag rechts auf rechts an den kurzen Seiten zusammen. Steppen Sie und lassen Sie auf jeder Seite eine Öffnung von 1 cm, 4 cm von oben. Wenden Sie den Umschlag und falten ihn zur Hälfte der Höhe. Bügeln Sie den Falz, öffnen und wenden Sie den Umschlag wieder auf links.

Legen Sie den unteren Teils des Umschlags rechts auf rechts um den oberen Teil des Futters. Stecken und steppen Sie rundum. Wenden Sie das Täschchen.

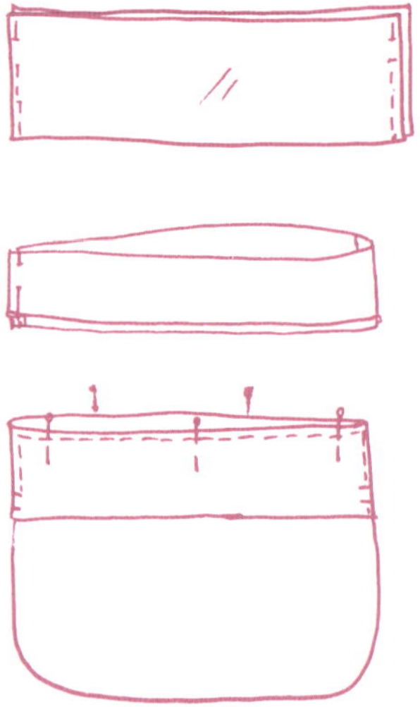

Erste Versuche

Sobald Sie gelernt haben, wie man den Ober- und den Unterfaden einfädelt und wie man die Stiche einstellt, können Sie loslegen! Lesen Sie dazu auf Seite 19 weiter, wie man den Stoff unter den Nähfuß legt und die Nähnadel absenkt. Nähen Sie zunächst lange, gerade Strecken!
Probieren Sie es an einem doppelt gelegten Stoffrest aus.
Üben Sie die Geschwindigkeit mit dem Pedal zu regulieren: Es funktioniert wie das Gaspedal beim Auto. Betätigen Sie es anfangs langsam. Manche Maschinen verfügen über einen Geschwindigkeitsregler, der die Maschine vor allzu starkem Beschleunigen schützt.
Zögern Sie nicht aufs Pedal zu drücken, wenn Sie sich sicher fühlen; durch den Maschinenantrieb werden Ihre Stiche regelmäßiger.
Steppen Sie einen doppelt gelegten Baumwollstoff ab. Verändern Sie die Stiche und Abstände. Sind Sie mit dem Ergebnis zufrieden?

Die ideale Sitzposition

Damit Sie keine Rückenschmerzen bekommen und am Nähen niemals die Freude verlieren, um sich vor einer Sehnenscheidenentzündung zu schützen, oder um zu vermeiden, dass Sie die Tasse Tee auf Ihre Näharbeit verschütten, hier ein paar Tipps, die sie beherzigen sollten!

Sechs hilfreiche Regeln für die Schneiderin

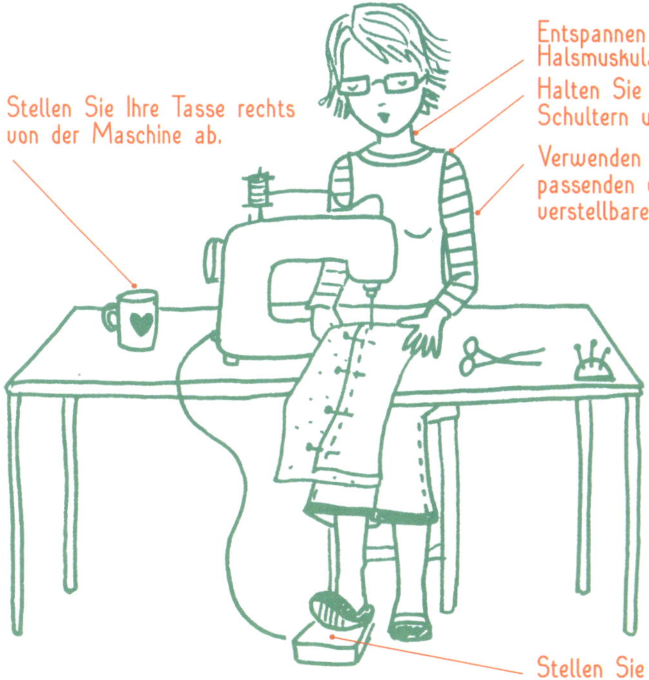

Taschen-Duo

Passende Stoffe kombinieren und Falten nähen, diese beiden raffinierten Täschchen vereinen beides. Die größere Tasche zu nähen, dauert etwas länger, aber die abwechselnden Stoffe erleichtern das Legen der Falten. Bei dem kleinen Täschchen lernen Sie die Falten nach einer Skizze zu arbeiten..

Hier übe ich

Falten nähen
Füttern
Ein Band verlängern
Einen Tunnelzug nähen
Einen Druckknopf annähen (kleines Täschchen)

Material für das große Täschchen

- 38 x 50 cm Liberty Stoff

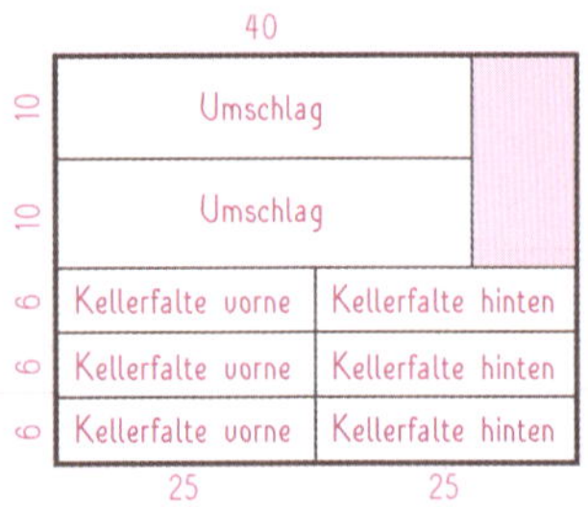

- 44 x 50 cm lilafarbener Stoff

- 40 x 50 cm rosafarbener Futterstoff

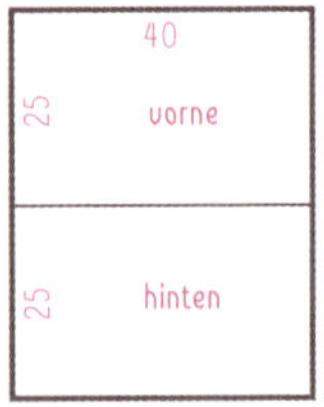

- 1,60 m Band
- Eine Sicherheitsnadel
- Zum Stoff passendes Garn

Die angegebenen Maße sehen eine Nahtzugabe von 1 cm vor.

Das Nähzubehör

Bevor Sie mit einer Näharbeit beginnen, legen Sie alle Utensilien bereit und halten Sie das benötigte Material in Griffnähe. Auch wenn die Kurzwarenläden und das Internet eine große Auswahl an Accessoires bieten, kann man durchaus mit einer kleinen Nähausstattung beginnen. Räumen Sie die Nähutensilien in eine kleine Kiste, bis Sie selbst ein Etui genäht haben.

Stecknadeln Verwenden Sie feine Stecknadeln mit kleinen Köpfen, um den Stoff nicht zu beschädigen. Stecknadeln mit Glaskopf laufen Gefahr unter den Nähfuß zu geraten, falls sie nicht richtig gesteckt sind.

Ein Nadelkissen ist praktisch, um die Stecknadeln aufzuräumen und immer griffbereit zu haben, bald können Sie Ihr eigenes Nadelkissen nähen.

Nähnadeln (Hand) Legen Sie sich einen Nadelsatz mit Nadeln in unterschiedlichen Größen zu.

Fingerhut Schützt Ihre Finger beim Durchstechen fester Stoffe.

Stricknadel oder chinesisches Essstäbchen Helfen beim Wenden einer Ecke oder eines Bindebandes oder auch beim Ausstopfen.

Sicherheitsnadeln Sie erleichtern das Einfädeln von Gummibändern oder Kordeln in einen Tunnelzug.

Schere Eine kleine sehr spitze Stickschere zum Abschneiden der Fäden oder um empfindliche Stoffe wieder aufzutrennen und eine Schneiderschere mit mindestens 20 cm langen Klingen für den Zuschnitt. Für das Schneiden der Schnittbögen sollten Sie auch eine Papierschere bereithalten.

Auftrenner Er wird auch Pfeiltrenner genannt. Mit der feinen Klinge können misslungene Stiche und Nähte sowie fertiggestellte Knopflöcher aufgetrennt werden.

Schneiderkreide Zum Einzeichnen der Schnittlinien auf den Stoff. Die Kreidestriche können durch Reiben wieder entfernt werden.

Maßband Zum Messen Ihrer Stoffe ...

Lineal und Zeichenwinkel benötigen Sie, um gerade Linien einzuzeichnen, was für das Zuschneiden des Stoffs wichtig ist.

Garn Ein paar Rollen, passend zu Ihren Stoffen und Heftgarn.

3

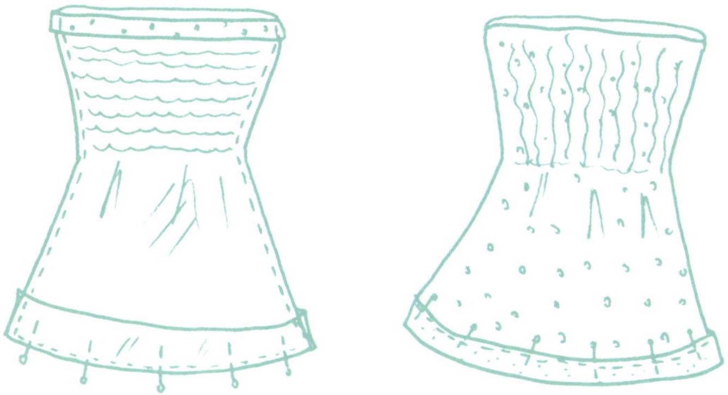

Material für das Kindermodell

Größe 4/6 Jahre. Dieses Modell lässt sich durch mehr oder weniger starkes Zusammenziehen des Smoks und durch Verändern von Breite und Länge der Teile hervorragend anpassen. Sie können es sogar als Schnitt für ein Kleid verwenden.

- 30 x 90 cm Stoff

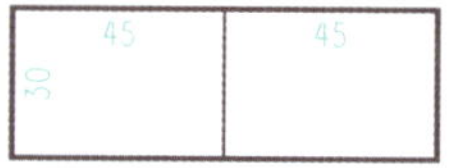

- 30 x 70 cm Stoff für die Einfassung und die Träger
- Gummifaden auf der Spule
- Zum Stoff passendes Garn

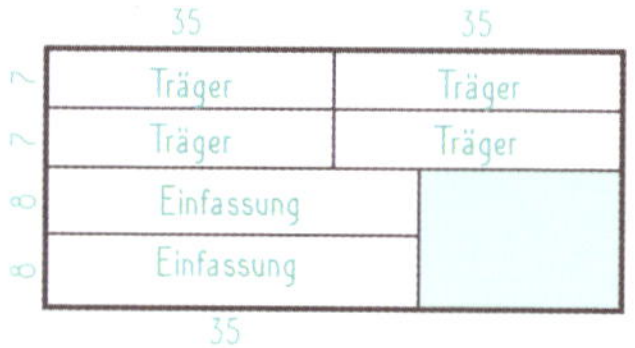

4 Träger

Falten Sie jeden Streifen der Länge nach, rechts auf rechts. Stecken und dann steppen Sie die kurze und die lange Seite. Wenden Sie das Nähgut. Stecken Sie das offene Ende auf 1 cm nach innen. Bügeln. Stecken Sie jeden der Träger am oberen Rand des Bustiers innen 10 cm von den Seitennähten und steppen sie fest.

Nähen des Kindermodells

1 Smok

Nähen Sie den ersten Gummifaden und schlagen Sie den Stoff, wie bei dem Damenmodell, um. Zeichnen Sie im Abstand von 1, 5 cm 5 Linien darunter (erhöhen Sie die Anzahl der Linien für eine größere Größe). Gehen Sie wie bei dem Damenmodell vor, ziehen Sie die Breite auf ca. 19 cm zusammen.

2–3 Zusammennähen und Einfassen

Verfahren Sie wie bei dem Damenmodell.

4 Träger

Nähen Sie die vier Träger wie bei dem Damenmodell an. Steppen Sie sie vorne und hinten ca. 3 cm von der Seitennaht ab.

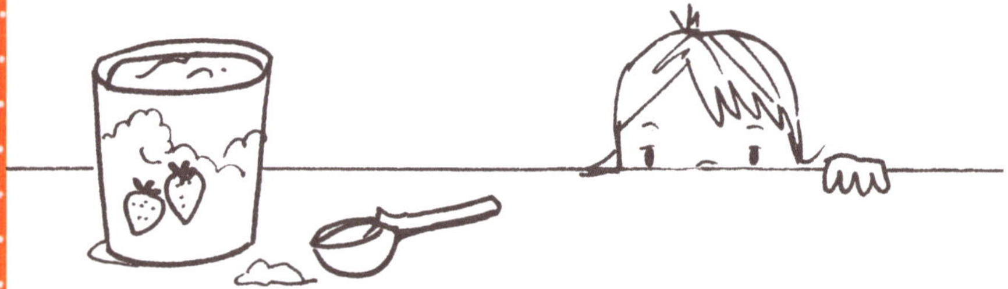

Die Grundlagen des Nähens

Eine Näharbeit anfertigen ist ein wenig wie Slalom fahren (abgesehen vom Sturzrisiko). Es gilt bestimmte Schritte zu befolgen: einen Stoff wählen, einen Schnitt vorbereiten oder einer Vorlage folgen, den Stoff zuschneiden und stecken… Keine Panik! Sagen Sie sich, dass diese Schritte für alle Näharbeiten mehr oder weniger die gleichen sind. Halten Sie sich vor Augen, dass nichts definitiv ist und dass eine Nähmaschinennaht, auch wenn sie solider als eine von Hand gefertigte Naht ist, sich leicht wieder auftrennen lässt. Es ist nicht tragisch, wenn die Stiche zunächst nicht gerade sind. Übung macht den Meister!

Sag' mir wer Du bist, und ich sag' Dir wie Du nähst!

Wie bei jeder anderen Disziplin werden Sie feststellen, dass Sie beim Nähenlernen auch sich selbst kennen lernen werden. Handeln Sie nicht gegen Ihre Natur, aber wenn Sie vorankommen wollen, müssen Sie vielleicht ein wenig an sich arbeiten: Wenn Sie peinlich genau sind, entspannen Sie ein wenig, niemand wird überprüfen ob Ihre Stiche gerade hintereinander folgen. Wenn Sie es jedoch immer ein wenig eilig haben, arbeiten Sie konzentriert, und nehmen Sie sich die nötige Zeit.

Nähen des Damenmodells

1 Smok

Versäubern Sie die obere lange Seite an einem der Rechtecke. Zeichnen Sie eine Linie 4 cm von der versäuberten Kante. Legen Sie den Gummifaden auf die Zeichnung, lassen 5 cm überstehen und steppen über den Gummifaden im Zickzackstich. Die Nadel sollte nicht in den Gummifaden stechen. Lassen Sie den Gummifaden 5 cm überstehen. Schneiden Sie ihn ab. Schlagen Sie die obere Kante des Stoffs in Höhe des Gummifadens ein. Zeichnen Sie 12 Linien alle 1,5 cm darunter. Steppen Sie den Gummifaden auf jeder Linie wie zuvor (nehmen Sie die zwei Stofflagen als erste Linie). Ziehen Sie an den Gummifäden nach und nach, um den Stoff auf 31 cm zusammenzuziehen. Knoten Sie immer zwei Fäden auf jeder Seite zusammen. Gehen Sie beim zweiten Rechteck genauso vor.

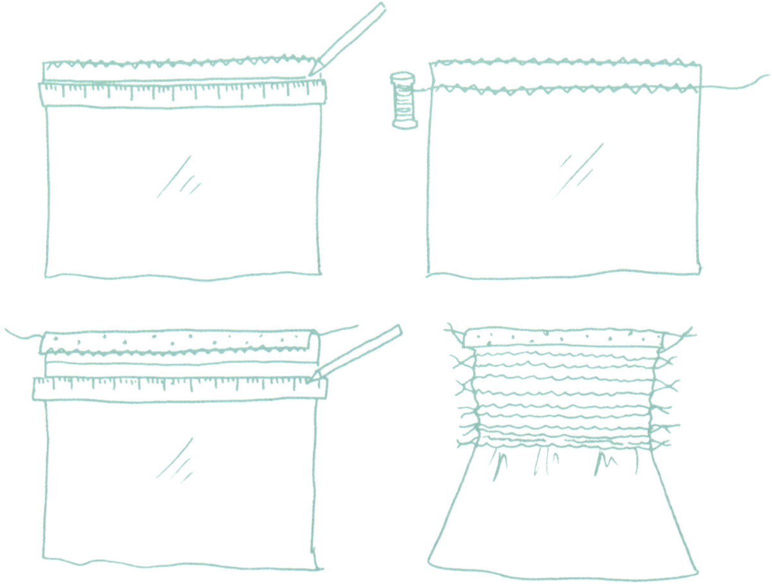

2 Zusammennähen

Legen Sie die beiden Rechtecke links auf links. Stecken Sie die Seiten ab. Steppen Sie 0,5 cm vom Rand. Wenden Sie auf rechts und steppen Sie erneut auf der linken Seite 0,75 cm vom Rand, um die erste Naht und die Knoten einzuklemmen.

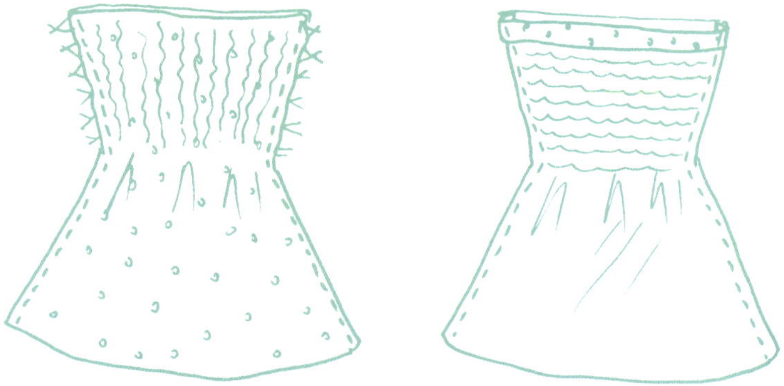

3 Einfassung

Legen Sie die beiden Streifen rechts auf rechts zusammen. Stecken Sie die kurzen Seiten und steppen Sie sie, um dieselbe Länge wie die untere Kante des Bustiers zu erhalten. Legen Sie die Nähte aufeinander und setzen Sie den Streifen rechts auf links auf das Bustier. Stecken und steppen Sie einmal rundum. Bügeln Sie die Nähte auf. Falten Sie den Stoff 0,5 cm nach innen und setzen Sie den Umschlag auf rechts auf dieselbe Naht des Bustiers. Stecken und steppen Sie 2 mm vom Falz.

Wahl der Stoffe und Garne

Die Stoffe

Die Wahl des richtigen Stoffs ist beim Anfertigen von Kleidung ausschlaggebend. Der Fall des fertigen Kleidungsstücks hängt davon ab. Bei der Herstellung von Wohn- und Modeaccessoires ist es ein wenig einfacher.

Auf jeden Fall empfehle ich Anfängerinnen einen einfach zu verarbeitenden Stoff, wie nicht zu feine Baumwollstoffe, Kattun oder Kord zu verwenden. Warten Sie mit der Verarbeitung von Musselin, glatten Velourstoffen und seidigen Materialien, bis Sie eine gewisse Sicherheit in Handhabung von Schere und Nähmaschine erlangt haben. Elastische Stoffe sind zu Beginn ebenfalls nicht zu empfehlen.

Achten Sie bei der Wahl des Stoffes genau auf die Vorder- und Rückseite. Ein Detail, das immer wieder, insbesondere beim Zusammennähen der Stoffe, von Bedeutung sein wird. (Dies ist vor allem bei der oft verwendeten „rechts auf rechts" Regel, die Sie bald für sich entdecken werden, der Fall!) Bei einfarbigen Stoffen ist der Unterschied zwischen Vorder- und Rückseite nicht unbedingt erkennbar. Betrachten Sie den Stoff im Tageslicht.
Ist der Unterschied nur schwach erkennbar, rate ich die Seiten beim Zuschneiden zu kennzeichnen. Stecken Sie auf der Vorderseite der Stoffteile ein Stück Papier mit einer Stecknadel fest.

Selbst wenn Sie am liebsten gleich loslegen würden, sollten Sie die Stoffe zuvor waschen. Stoffe können beim ersten Waschen eingehen oder ausfärben. Die Entscheidung liegt natürlich bei Ihnen. Ich persönlich bin ungeduldig und gehe manchmal das Risiko ein.

Die Garne

Wählen Sie ein passendes Garn zu Ihrem Stoff. Sollten Sie die exakte Farbe nicht finden, wählen Sie einen leicht dunkleren Ton als Ihr Stoff. Haben Sie einen gemusterten Stoff, wählen Sie die im Stoff dominierende Farbe.
Wenn Sie eine Kontrastfarbe zum Stoff verwenden, erhalten Sie sichtbare Ziernähte.

Wählen Sie ein qualitativ hochwertiges Nähmaschinengarn aus Polyester oder Baumwolle. Verwenden Sie keine Kordonett- oder Heftgarne. Dann kann nichts mehr schiefgehen. Vermeiden Sie die Verwendung von billigen Garnen, die am Ende keine Ersparnis bedeuten, da sie ständig reißen oder verknoten und den Arbeitsfortschritt behindern.

Denken Sie immer daran, dass der Oberfaden dieselbe Fadenstärke wie der Unterfaden haben muss

Gesmokte Hängerchen

Mit den gerade ausgeschnittenen Teilen und dem vereinfachten Smok sind diese Modelle auch für Anfängerinnen einfach anzufertigen und anzupassen. Stellen Sie sich die Freude des kleinen Mädchens vor, im Partnerlook mit der Mama, der großen Schwester oder der Tante zu gehen. An die Nadeln!

Hier übe ich

Stoff smoken
Eine französische Naht

Material für das Damenmodell

Größe: 36/38. Dieses Modell lässt sich leicht anpassen, indem man den Smok mehr oder weniger kräuselt.

50 x 144 cm Stoff im Grundmuster

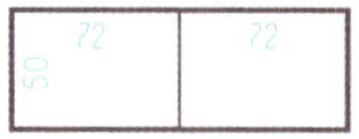

- 28 x 96 cm Stoff für die Einfassung und die Träger
- Zum Stoff passendes Garn
- Gummifaden auf der Spule

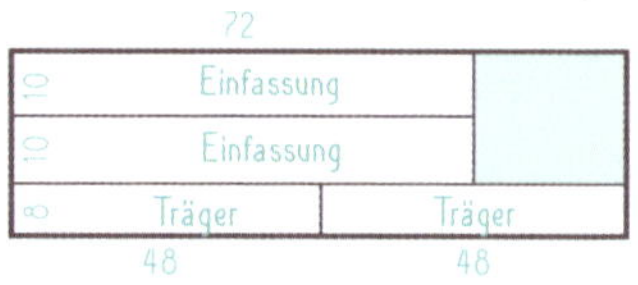

Die Stoffrichtung

Wichtige Begriffe

In Anleitungen oder auf handelsüblichen Schnittmustern findet man Begriffe wie „Fadenlauf" oder „Schräge". Hierbei handelt es sich um Angaben über die Webrichtung des Stoffes, die Ihnen beim Zuschneiden helfen sollen.

Kette und Schuss

Ein Stoff besteht aus Kett- und Schussfäden, die kreuzweise miteinander verwoben sind. Bei der Stoffherstellung sind die Kettfäden auf dem Webstuhl gespannt. Mit einem Schützen wird der Schussfaden einmal über und einmal unter den Kettfäden durchgeführt.

Webkanten

Der Stoffrand (dort wo der Schütze die Richtung wechselt) bildet die Webkante. Sie ist fester als der Stoff selbst, daher ist es besser, sie nicht zu verwenden. Die Kettfäden laufen parallel mit der Stoffkante. Die Schussfäden laufen senkrecht zur Webkante.

Fadenlauf

Der Fadenlauf zeigt die Richtung des Kettfadens und damit auch die des Schussfadens an. Der Stoff wird mit dem Fadenlauf geschnitten, um das Verziehen des Stoffs zu vermeiden. Falls nicht anders angegeben, entspricht die Vertikale ihrer fertiggestellten Arbeit dem Fadenlauf. Die geraden Teile der Accessoires werden in Webrichtung ausgeschnitten.

Der Schrägschnitt

Der Schrägschnitt erfolgt in 45° zum Kett- und Schussfaden. Er wird durch diagonales Falten des Stoffes ermittelt. Durch das Schneiden in der Schrägen (Diagonalen) gewinnt der Stoff an Elastizität, was für das Arbeiten von Rundungen nützlich ist.

Richtung der Motiv- und Druckstoffe

Verwenden Sie Motiv- oder Druckstoffe, sollte das Muster der einzelnen Teile beim Zusammennähen übereinstimmen. Wenn Sie einen Stoff mit Karo- oder Streifenmuster schneiden, achten Sie darauf, dass beim Zusammennähen das Muster durchlaufend ist. Große Motive müssen ebenfalls berücksichtigt werden, wenn sie auf der fertiggestellten Näharbeit vollständig sichtbar sein sollen.

Bestimmte Stoffe, wie Webpelz oder Samt, müssen immer in derselben Richtung, der Strichrichtung nach unten, verarbeitet werden.

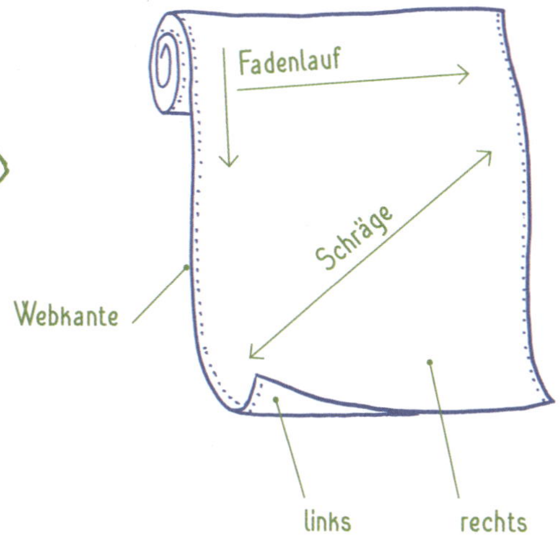

Ausführung

Der Hut ist wendbar, aber um die Anleitung zu vereinfachen, bezeichnet „Futter“ eine der beiden Seiten des Hutes.

1 Vorbereitung

Bügeln Sie das Vlies auf das Futter der Hutkrempe.

2 Zusammennähen der Hutkrone

Legen Sie die beiden Streifen für die Krone rechts auf rechts zusammen. Stecken und steppen Sie die kurzen Seiten ab. Schneiden Sie oben an der Krone (die engste Stelle) alle 2 cm ein Kerbe von ca. 3 mm ein. Stecken Sie den Kreis rechts auf rechts auf die Hutkrone. Steppen Sie 0,5 cm vom Rand. Verfahren Sie mit dem Futter ebenso.

3 Den Rand zusammennähen

Setzen Sie Hutkrone und -krempe rechts auf rechts zusammen. Stecken und nähen Sie 0,5 cm. Wiederholen Sie den Vorgang beim Futter und lassen eine 10 cm große Öffnung in der Krempe.

4 Zusammennähen der beiden Seiten

Stecken Sie den Hut rechts auf rechts in das Futter, damit die Seitennähte aufeinandertreffen. Stecken Sie den Hut rundum ab. Steppen Sie 0,5 cm vom Rand ab.

5 Ausarbeitung

Durch die Öffnung wenden. Schließen Sie die Öffnung im Blindstich. Steppen Sie die Krempe rundum 3 mm vom Rand ab.

Die Schnittmuster

Bei den Modellen in diesem Buch wurden die Maße ohne Schnittmuster direkt auf den Stoff übertragen. Damit jedoch auch Ihre zukünftigen Arbeiten gelingen, ganz gleich ob Wohnaccessoires oder Kleidungsstücke, hier ein paar Tipps, wie Sie mit einer Schnittvorlage arbeiten.

Vorbereitung

Übertragen Sie den Schnitt, wenn er einem Buch entnommen wurde oder es sich um einen Mehrgrößenschnitt handelt, durch Abmalen mit Paus- oder Seidenpapier. Backpapier wäre auch möglich. Ich persönlich übertrage die Schnitte mit Permanentfilzstift auf eine transparente Bucheinbindefolie. Meine Schnittmuster sind unempfindlich und wiederverwendbar!
Übertragen Sie alle vorhandenen Angaben: Anzahl der auszuschneidenden Teile, Hinweise zum Zusammennähen, Stoffrichtung usw. Prüfen Sie, ob die Nahtzugabe im Schnittmuster bereits eingerechnet wurde, sonst muss sie beim Zuschneiden berücksichtigt werden.

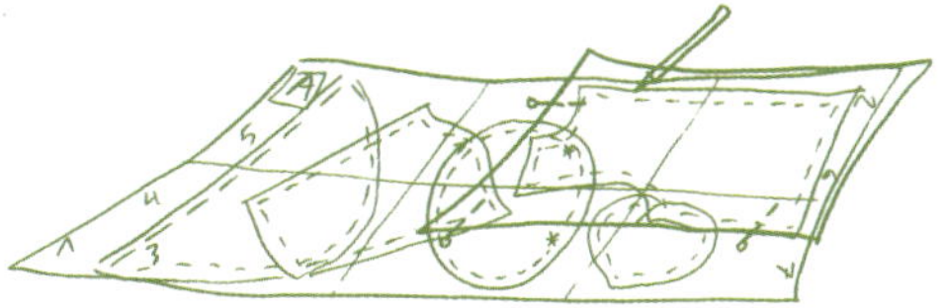

Übertrag des Schnittmusters

Bügeln Sie den Stoff sorgfältig bevor Sie das Schnittmuster auflegen. Übertragen Sie es auf die linke Stoffseite.

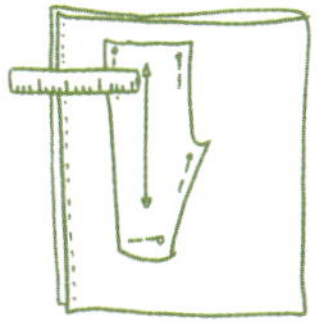

Soll das Schnittmuster auf den Fadenlauf gelegt werden, übertragen Sie ebenso den Pfeil, der die Richtung angibt und die Webekante. Prüfen Sie die richtige Lage mit Hilfe eines Lineals oder Maßbandes.

Ist auf dem Schnittmuster ein diagonaler Pfeil vorgegeben, wird der Schnitt an der Diagonalen des Stoffs ausgerichtet.

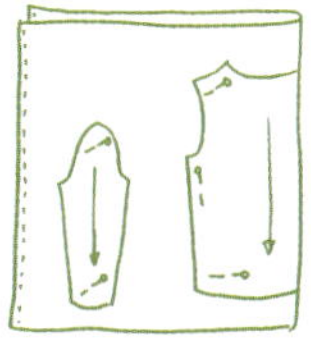

Falls Sie die Teile zweifach benötigen - vor allem wenn sie gespiegelt sein sollen - falten Sie den Stoff Kante auf Kante. Fixieren Sie den Stoff mit ein paar Stecknadeln, damit während des Auflegens nichts verrutscht.

Manche Schnittmusterteile sind nur zur Hälfte eingezeichnet: hier müssen Sie die gerade Seite am Stoffumbruch ohne Nahtzugabe anlegen. Wenn Sie den Stoff nach dem Schneiden auseinanderfalten, erhalten Sie das vollständige und symmetrische Stoffteil.

Stecken Sie alle Teile des Schnittmusters vor dem Zuschneiden auf Ihrem Stoff fest. Auf diese Art sparen Sie Stoff. Achten Sie auf eventuelle Ansätze, auf große Muster und auf die Stoffrichtung (Samt, Webpelz usw.). Zeichnen Sie dann die Umrisse des Schnittmusters, und falls noch nicht berücksichtigt, die Nahtzugabe ein.

Nahtzugabe

Das ist der Abstand zwischen dem Rand des Stoffteils und der Naht. Diese Nahtzugabe wird der gewünschten Größe der fertigen Näharbeit hinzugefügt. Im Allgemeinen sieht man 1 cm Nahtzugabe rund um das Schnittmuster vor. Für kleinere Arbeiten genügen auch 0,5 cm. Die Nahtzugabe bei Säumen sollte größer sein. Sollten Sie sich bei der Größe nicht sicher sein, arbeiten Sie mit 1,5 bis 2 cm Nahtzugabe und korrigieren Sie nachträglich.

Wendeschlapphut

Der Nähstar, das sind Sie! Das können Sie mit diesem Modell zeigen, das sich in unzähligen Variationen anbietet. Dazu brauchen Sie nicht viel, ein wenig gemusterten Stoff hier und ein wenig gepunkteten Stoff da. Erfinden Sie Ihre eigene Kombination an Mustern und Farben.

Material

Für einen Kopfumfang von 56 cm

- 37 x 59 cm zwei passende Stoffe (hier ein Liberty Stoff und ein gepunkteter Stoff)
- 36 x 36 cm dickes aufbügelbares Vlies

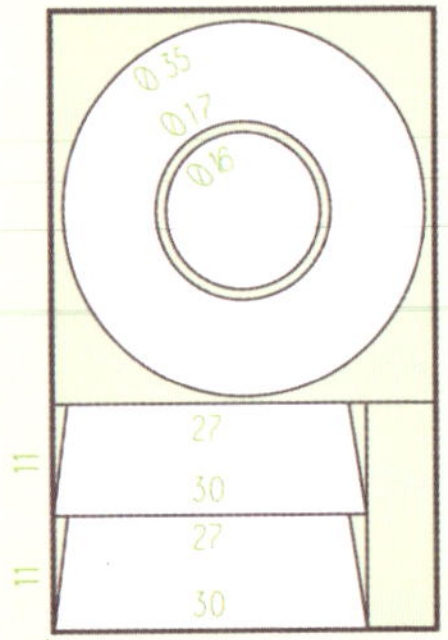

- Zum Stoff passendes Garn

Schneiden Sie die Teile für das Futter und folgen Sie Schritt 1.
Falls in Ihrer Anleitung nicht anders angegeben, ist eine Nahtzugabe von 1 cm vorgesehen.
Falls Sie die Größe des Huts anpassen möchten, erstellen Sie Ihren eigenen Schnitt auf der Basis der Vorlage.

Hier übe ich

Das Verstärken
Einschneiden der Nahtzugabe
Im Kreis nähen
Im Kreis steppen

Zuschnitt

Obwohl oft gefürchtet, ist das Zuschneiden des Stoffs nicht besonders schwierig. Es empfiehlt sich allerdings systematisch und in aller Ruhe vorzugehen! Wählen Sie für Ihre ersten Näharbeiten einen günstigen Stoff, bis Sie sich an die Handhabung der Schere gewöhnt haben.

Verwenden Sie eine gute Schere mit scharfen, mindestens 20 cm langen Klingen. Diese Schere nur zum Stoff schneiden verwenden. Für Linkshänder ist eine entsprechende Stoffschere empfehlenswert.

Falls Sie eine Schere mit asymmetrischen Augen verwenden, achten Sie darauf, dass der Daumen in das kleinere Scherenauge, die anderen Finger in das größere gelegt werden.

Legen Sie den Stoff vor sich und schneiden Sie immer vom Körper weg. Drehen Sie den Stoff beim Wechsel der Schneiderichtung, das ermüdet weniger als um den Tisch zu gehen!

Halten Sie den Stoff mit der freien Hand fest. Sie erhalten einen saubere Schnittkante, wenn Sie möglichst flach und mit der ganzen Klinge schneiden.

Entspannen Sie Ihre Schultern! Folgen Sie beim Schneiden genau der Markierung, die Sie auf der Rückseite des Stoffs eingezeichnet haben, das erleichtert das anschließende Zusammennähen.

Ausführung

1 Die Henkel

Falten Sie die Henkel der Länge nach rechts auf rechts. Steppen Sie die drei Seiten und lassen Sie eine Öffnung von 5 cm in der Mitte der langen Seite. Wenden und bügeln Sie den Henkel. Falten Sie ihn erneut der Länge nach. Stecken und steppen Sie die Mitte des Henkels bis 10 cm vor beiden Enden 2 mm vom Rand ab.

2 Zusammennähen der Stoffe

Legen Sie beide Außenseiten rechts auf rechts und steppen Sie die untere Linie, ebenso die beiden Futterteile. Bügeln Sie die Nähte auf. Legen Sie die beiden Arbeitsteile rechts auf rechts und steppen Sie die kurzen Seiten. Schneiden Sie die Ecken zurück und wenden Sie die Arbeit.

3 Henkel einsetzen

Stecken Sie den ungefalteten Teil (10 cm) der kleinen Seiten der Henkel, 15 cm von den langen Seiten entfernt. Steppen Sie im Rechteck und bis 2 cm vor der Oberkante der Tasche.

4 Seitliche Nähte

Falten Sie das Rechteck links auf links. Stecken und nähen Sie die beiden Seiten 0,5 cm vom Rand.

Bügeln Sie die Nähte von rechts gut auf. Wenden Sie die Tasche rechts auf rechts, stecken und nähen Sie die beiden Seiten 0,75 cm vom Rand.

5 Taschenboden

Legen Sie 7 cm beider Seitennähte auf die Bodennaht der Tasche und bilden Sie so die Kanten des Taschenbodens. Zeichnen Sie die Kanten quer zur Bodennaht ein und steppen Sie ab. Wenden Sie den Shopper.

1

2

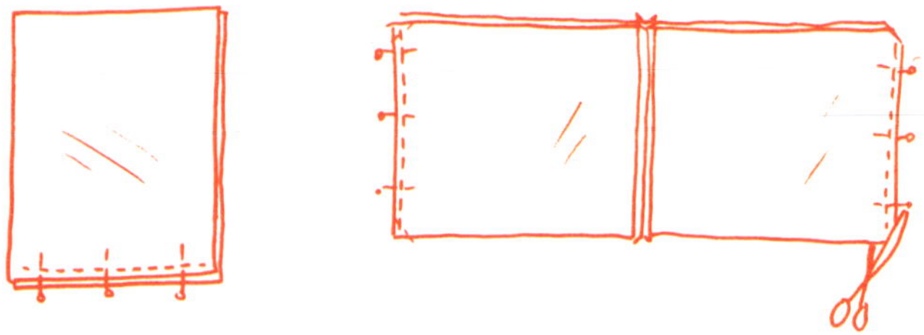

3

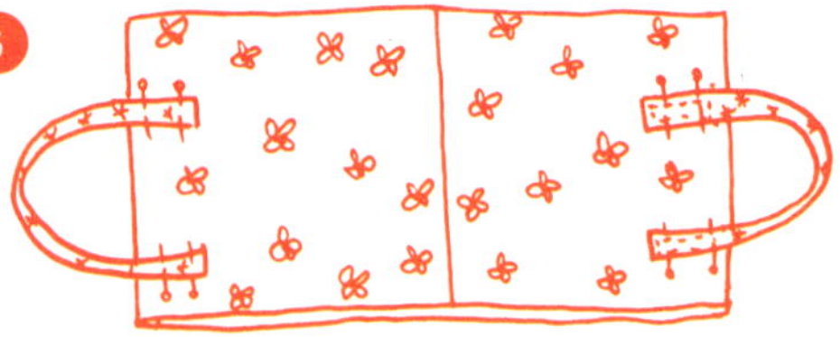

4

5

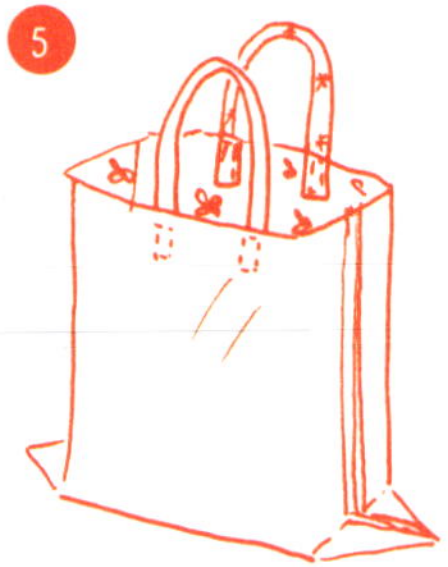

Heften

Beim Heften wird mit speziellem Garn in großen Stichen eine provisorische Naht angebracht, die sich leicht wieder öffnen und entfernen lässt, ohne Spuren auf dem Stoff zu hinterlassen.

Heften Sie nachdem Sie abgesteckt haben und bevor Sie die endgültige Naht anbringen, so halten Sie die Teile zusammen.
Es ist nicht unbedingt notwendig zu heften, ich empfehle es jedoch bei glatten Stoffen, beim Nähen von Kurven oder auch für eine problemlose Anprobe provisorisch zusammengefügter Teile.

Wie gehe ich vor?

Fädeln Sie Heftgarn in einer sich vom Stoff abhebenden Farbe ein. Sie brauchen keinen Knoten zu machen oder den Faden doppelt zu nehmen. Nähen Sie im Vorstich mit großem Abstand zwischen den Stichen leicht neben der vorgesehenen Naht. Sichern Sie die Heftung am Anfang und am Ende mit einem doppelten Stich.

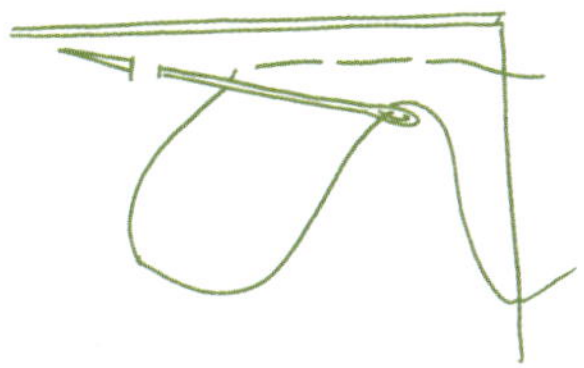

Entfernen Sie die Stecknadeln. Stechen Sie für die endgültige Naht möglichst nahe neben dem Heftfaden ein, ohne diesen zu übersteppen, da er sich sonst schwerer entfernen lässt. Übersteppte Heftfäden können notfalls mit einer Pinzette unter der Naht hervorgezogen werden.

Regel für das Zusammennähen

Es gilt die Regel: Man näht die Stoffteile fast immer RECHTS AUF RECHTS zusammen, außer wenn etwas anderes angegeben ist! Nach dem Zusammennähen wird das Nähgut gewendet, so dass die Nähte unsichtbar auf der Innenseite der Arbeit liegen.

Stecken vor dem Nähen

Bevor Sie mit dem Nähen beginnen, sollten Sie die Stoffteile mit Stecknadeln zusammenstecken.

Es gibt unterschiedliche Stecknadeln. Für Näharbeiten mit der Maschine empfehle ich dünne Stecknadeln aus Stahl. Es gibt zwei Methoden, das Nähgut zusammenzustecken.

Entlang der Naht stecken

Stecken Sie die Nadeln entlang der Naht, mit den Nadelköpfchen zu Ihnen. Ziehen Sie die Nadeln nach und nach während des Nähens heraus, damit diese nicht unter den Nähfuß geraten. Vorsicht! Wenn die Nähmaschinennadel auf eine Stecknadel trifft, kann sie abbrechen oder sich verbiegen.

Senkrecht zur Naht stecken

Diese Technik verhindert das Wegrutschen des Stoffs und ermöglicht einfacheres Arbeiten, da Sie hier die Stecknadeln während des Nähvorgangs nicht entfernen müssen. Die Nähmaschinennadel näht über die Stecknadeln hinweg. Stecken Sie die Nadeln an die Stoffkante mit den Köpfchen nach außen, so können sie falls nötig leichter entfernt werden.

Großer Shopper

Hier übe ich
Das Verstärken
Eine französische Naht

Ob aus Liberty Stoff oder Vichy Karo, aus afrikanischen Wachsdruckstoffen oder Rohleinen, dieser Shopper wird Sie den ganzen Sommer über begleiten. Futter, Vlieseinsatz, gearbeiteter Boden und französische Nähte geben dieser Näharbeit, die allseits bewundert werden wird, den nötigen Halt.

Material

Maße der fertiggestellten Arbeit: 45 x 38 cm ohne Henkel (Boden 14 cm breit)

- 47 x 98 cm Liberty Stoff und einfarbiger Stoff zum Füttern

- 16 x 58 cm gemusterter Stoff für die Henkel

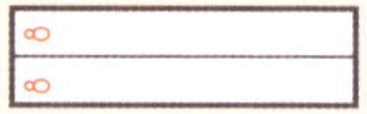

- Zum Stoff passendes Garn

- 63 x 98 aufbügelbares Volumenvlies

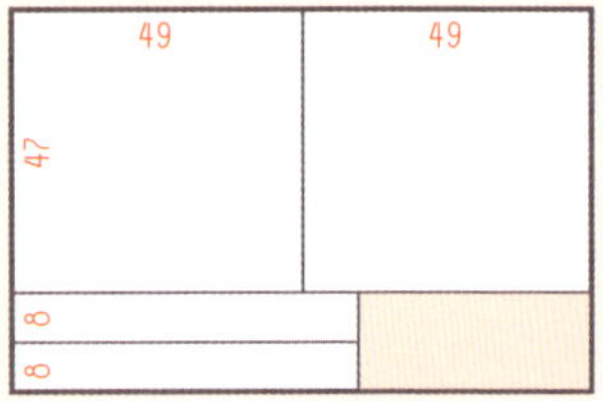

Bügeln Sie das Futter und den Stoff der Henkel, dann schneiden Sie die Teile in den vorgegebenen Größen. Falls nicht anders angegeben, ist eine Nahtzugabe von 1 cm vorgesehen.

Nähen

Eine Naht anfangen

Legen Sie den Stoff, mit der größeren Stoffmenge auf der linken Seite, unter den Nähfuß. Die Naht wird am rechten Stoffrand angebracht. Senken Sie den Nähfuß auf den Stoff. Drehen Sie das Handrad zu sich und schauen Sie, wo sich die Nadel in den Stoff senkt. Wenn die Nadel an der Stelle der vorgesehenen Naht ist, können Sie starten. Falls nicht, heben Sie die Nadel durch Drehen des Handrads und verschieben Sie den Stoff. Die linke Hand liegt flach auf dem Stoff. Die rechte Hand führt den Stoff vor der Maschine, aber ohne zu fest zu ziehen.
Betätigen Sie das Pedal und los geht's! Keine Panik, wenn die Maschine zu schnell wird, heben Sie einfach den Fuß. Sollten Ihnen die Nähte nicht gefallen, kann man sie wieder auftrennen und neu nähen. Meine Schülerinnen vertreten die Auffassung: Nähen und Auftrennen, beides ist Arbeit.

Anfang und Ende einer Naht

Damit sich eine Naht nicht wieder öffnet, müssen Sie Anfang und Ende der Naht sichern. Nähen Sie hierfür mit der Maschine drei bis vier Stiche über die ersten bzw. letzten Einstiche zurück. Schneiden Sie die Fäden nahe der Naht ab.

So vermeiden Sie Fadenwirrwarr!

Am Ende Ihrer Naht müssen Sie immer zwei Fäden unter dem Nähfuß haben, den Ober- und den Unterfaden. Befinden sich drei Fäden unter dem Nähfuß, hat sich Ihre Nadel möglicherweise noch nicht weit genug nach oben bewegt. Drehen Sie das Handrad zu sich und ziehen Sie an den beiden Fäden. Beachten Sie: Auftretende Fehler sind eventuell auf das falsche Einfädeln des Ober- oder Unterfadens zurückzuführen.

Verschiedene Stoffstärken nähen

Wenn Sie mit einem außergewöhnlich dicken Stoff arbeiten, beginnen Sie die Naht einen Zentimeter nach dem eigentlichen Nahtanfang, steppen Sie zurück und setzen dann Ihre Naht fort.
Sollte Ihre Maschine aufgrund des dicken Stoffs nicht vorankommen, unterstützen Sie den Nähvorgang mit Hilfe des Handrads, während Sie das Pedal betätigen.

Ecken nähen

Unterbrechen Sie die Naht beim Nähen mehrerer Seiten einer Arbeit nicht. Halten Sie die Maschine im Nahtverlauf an, wenn die Nadel in der Ecke des Stoffes steckt.
Sie können das Handrad drehen, um die Nadel zu senken. Heben Sie den Nähfuß. Drehen Sie den Stoff, um den folgenden Nahtabschnitt in die Richtung des Nähfußes zu bringen.
Senken Sie erneut den Nähfuß. Setzen Sie die Naht fort. Falls die Nadel nicht genau in der Ecke ansetzt, drehen sie das Handrad, um die fehlenden Stiche hinzuzufügen.

Kurven nähen

Nähen Sie weite Kurven mit verlangsamter Geschwindigkeit und führen Sie den Stoff. Wenn die Kurve eng ist oder Sie das Gefühl haben, dass Sie die Richtung korrigieren müssen, heben Sie den Nähfuß wie beim Ecken nähen.

5

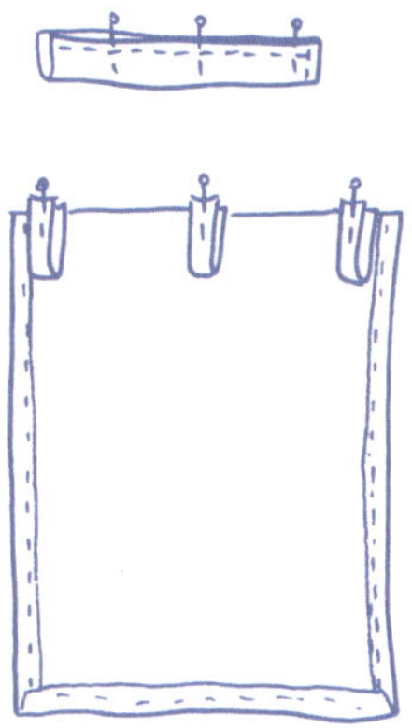

6

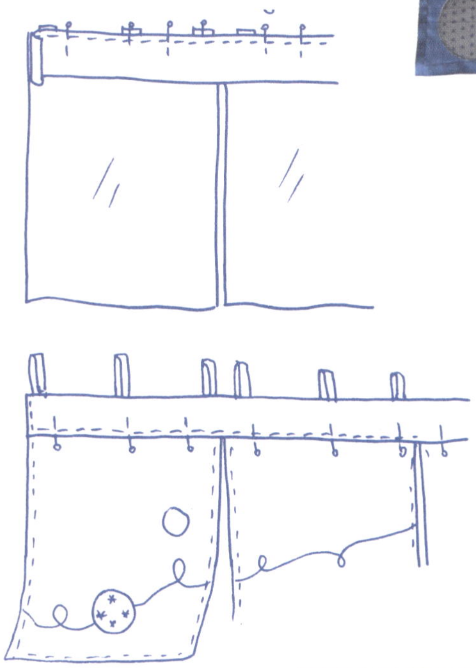

5 Schlaufen

Falten Sie die Streifen der Länge nach, rechts auf rechts. Steppen Sie eine kurze und eine lange Seite. Wenden Sie über die kurze geschlossene Seite, dann bügeln. Setzen Sie die halbierten Streifen mit der Schleife nach unten auf die linke obere Seite der Panneaus. Stecken Sie sie gleichmäßig auf den Panneaus fest.

6 Die obere Einfassung

Schlagen Sie die zwei kurzen Seiten des Streifens auf links um. Ordnen Sie die Panneaus auf links nebeneinander an, beachten Sie die Reihenfolge. Stecken Sie die langen Seiten des Bandes rechts auf links auf die Panneaus und nähen sie fest. Wenden Sie das Band, schlagen Sie es 1 cm nach innen um. Steppen Sie 2 mm vom umgeschlagenen Rand und die beiden kurzen Seiten.

Hängen Sie den Vorhang auf.

Versäubern

Um das Ausfransen des Stoffs zu verhindern, müssen die Ränder versäubert werden. Auch wenn es das Einfachste scheint, rate ich davon ab, die Kanten mit einer Zackenschere zu versäubern. Diese Methode funktioniert nur bei wenig ausfransenden Stoffen.

Beim Versäubern der Kanten mit der Maschine wird im Zickzackstich knapp am Stoffrand entlang genäht. Bei den meisten Maschinen können Sie die Länge und Breite des Stichs einstellen. Die Einstellung hängt von Ihrer Näharbeit ab, so wird das Ergebnis bei sehr feinem Stoff mit einem weniger breiten und kürzeren Stich besser. Probieren Sie die Stiche zuvor an einem Stoffrest desselben Stoffs aus.
Verwenden Sie dasselbe Garn, das für Ihre Näharbeit vorgesehen ist. Beim Versäubern ist ein Rückstich nicht notwendig. Wird die Naht vollständig ins Futter eingearbeitet, muss nicht versäubert werden.

Wann wird versäubert?

Das Versäubern kann zu unterschiedlichen Zeitpunkten erfolgen, abhängig vom Stoff und der beabsichtigten Verarbeitung.

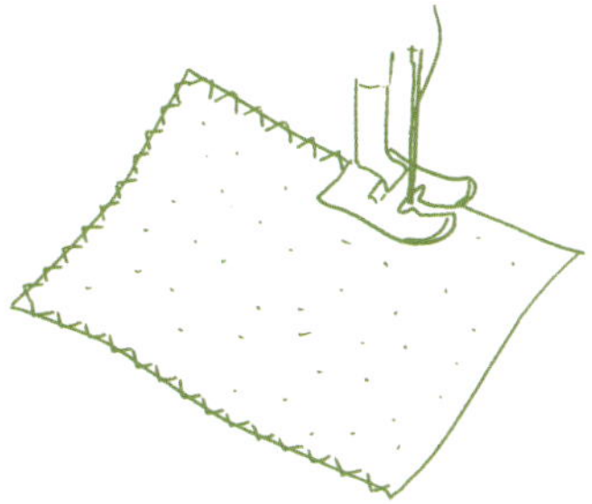

Vor dem Zusammennähen

- Jedes Teilstück wird einzeln versäubert. Das erleichtert das Aufbügeln der Nähte, d.h. das Öffnen der Nahtzugabe rechts und links der Naht.

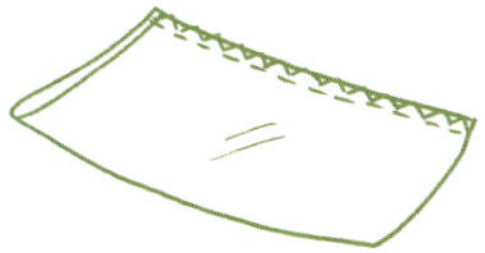

Nach dem Zusammennähen

- Die Nahtzugaben werden zusammen versäubert. Das funktioniert ausschließlich bei relativ dünnen Stoffen und wenn die Naht für die weitere Ausarbeitung nicht geöffnet werden muss.
- Zunächst wird die eine Nahtzugabe versäubert und dann die andere.

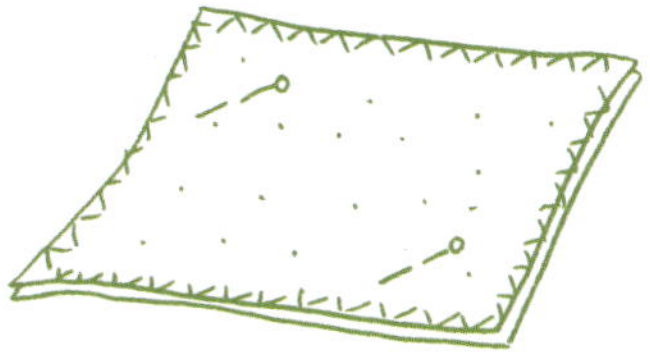

Um mehrere Stofflagen zusammen zu halten

- Zum Beispiel ein Volumenvlies auf einem Stoff, bevor das Futter eingenäht wird.
- Um einen Stoff mit Filz zu unterfüttern.

Modelle

Nach Maß

Für Ihren individuellen Vorhang nehmen Sie die gewünschte Breite, teilen sie durch die Anzahl der gewünschten Panneaus (zwei oder drei) zuzüglich der Nahtzugabe (4 cm pro Vorhang). Fügen Sie 2 cm zur Breite beim oberen Band hinzu. Vergessen Sie nicht die Länge der Schlaufen dem Durchmesser der Vorhangstange anzupassen.

Ausführung

1

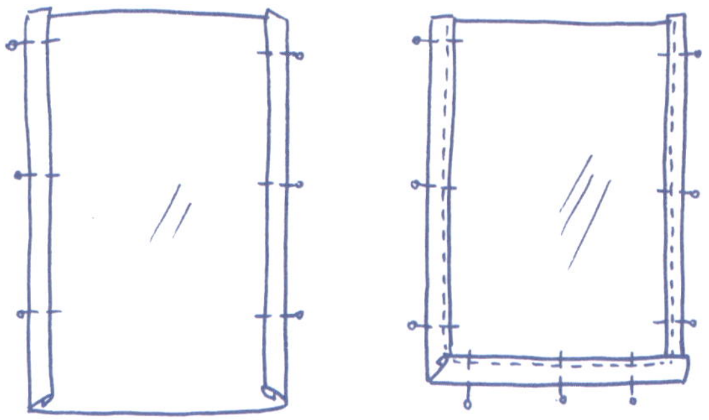

2

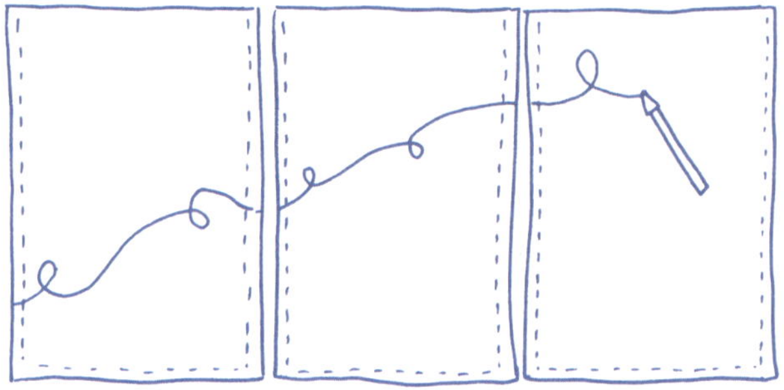

3

4

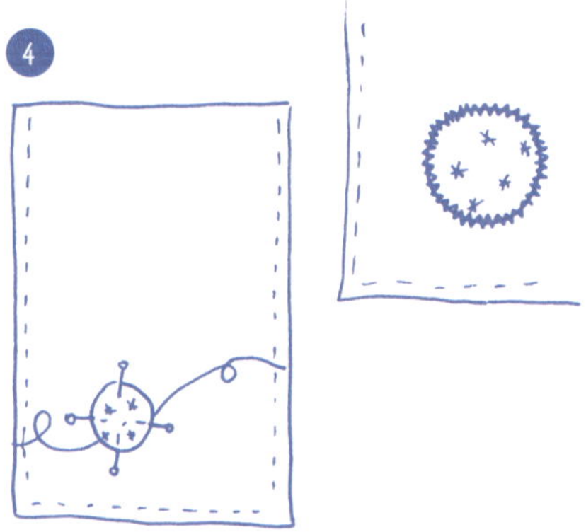

1 Saum der Panneaus

Schlagen Sie die langen Seiten 0,5 cm nach innen ein, dann noch einmal 1,5 cm. Schlagen Sie eine der kurzen Seiten ebenso ein. Wenn Sie bei allen drei Panneaus so vorgehen, liegen die Säume in derselben Richtung und passen sich in die Ecken ein. Steppen Sie 2 mm von den Umschlägen ab.

2 Übersteppte Motive

Legen Sie die Panneaus nebeneinander mit der gesäumten kurzen Seite nach unten. Zeichnen Sie mit der Schneiderkreide Wellenlinien und Arabesken von einem Panneau zum anderen. Steppen Sie auf der gezeichneten Linie mit andersfarbigem Garn die Zeichnungen nach.

3 Vorbereitung der Applikationen

Bügeln Sie Vlies auf die zu applizierenden Stoffe. Schneiden Sie Kreise mithilfe einer Papierschablone aus.

4 Applikation

Verteilen Sie die Kreise nach Belieben auf den Panneaus und stecken Sie sie fest. Nähen Sie mit einem Garn in derselben Farbe wie der Stoff der Applikation im engen Zickzackstich am Außenrand des Motivs.

Bügeln

Die Verwendung des Bügeleisens ist für eine einwandfreie Näharbeit unerlässlich.

Versichern Sie sich vor Beginn Ihrer Arbeit, dass der Stoff keine Knitterfalten hat, da diese beim Zusammennähen stören würden. Bügeln Sie immer mit dem Fadenlauf, es sei denn, Sie nähen ein Schrägband. Bügeln Sie den Stoff von links.

Das Bügeln der Nähte

Gewöhnen Sie sich an, die Nähte während des Zusammennähens nach und nach aufzubügeln.

Öffnen der Nahtzugabe

Durch das Öffnen der Nahtzugaben vermeiden Sie störendes Stoffmaterial bei der weiteren Ausarbeitung. Bügeln Sie die Nahtzugaben von links, zunächst flach und dann auf jeder Seite der Naht.

Nahtzugabe in eine Richtung

Bei feinem Stoff kann die Naht zu einer Seite gelegt werden. Ebenso, wenn Sie beide Nahtzugaben gleichzeitig versäubern möchten. Drücken Sie die beiden Nahtzugaben mit dem Fingernagel zur selben Seite. Wenden Sie die Arbeit und bügeln Sie die Naht von rechts, schützen Sie falls nötig den Stoff mit einem Bügeltuch.

Einen Umschlag bügeln

Sie können mit dem Bügeleisen auch Ihre Säume vorbereiten.

Der richtige Einsatz des Bügeltuchs

Es gibt Stoffe, die nicht direkt mit dem Bügeleisen in Berührung kommen sollten wie Wollstoffe, Lycra oder empfindliche Materialien. Das heißt jedoch nicht, dass diese Näharbeiten nicht gebügelt werden können. Hier ein zuverlässiger Tipp, wie es trotzdem geht!
Damit Sie einen Umschlag, einen Saum oder eine Naht gut bügeln können, benötigen Sie ein Bügeltuch. Idealerweise ist das ein angefeuchteter Baumwollstoff. Stellen Sie das Bügeleisen auf die für den Stoff angegebene Temperatur ein. Legen Sie das feuchte Bügeltuch auf den zu bügelnden Umschlag. Bügeln Sie über das Bügeltuch.

Bügelempfehlungen

Baumwolle und Leinen: heiß ohne Bügeltuch
Seide und Nylon: warm mit fast trockenem Bügeltuch
Wolle: sehr heiß mit Bügeltuch
Samt: nur dämpfen ohne das Bügeleisen aufzusetzen
Umschläge: Bügeleisen nur aufdrücken (nicht bügeln)
Kräuselung: mit der Spitze des Bügeleisens in die Kräuselung bügeln

Vorhang Japan Style

Dieser Vorhang, elegant und kreativ in einem, eignet sich für ein Fenster ebenso wie für eine Tür, ein Regal oder sogar um die Türen eines Schrankes zu ersetzen. Je nachdem können Sie die Größe der Vorhänge anpassen oder auch die Anzahl verringern. Wählen Sie einen Grundfarbton und dazu passende Stoffe.

Hier übe ich

Die gerade Naht
Säumen
Eine dekorative Naht
Stoff applizieren

Material

Maße der fertiggestellten Arbeit: 70 x 133 cm, inklusive Schlaufen

- 71 x 144 cm dunkelblauer Stoff

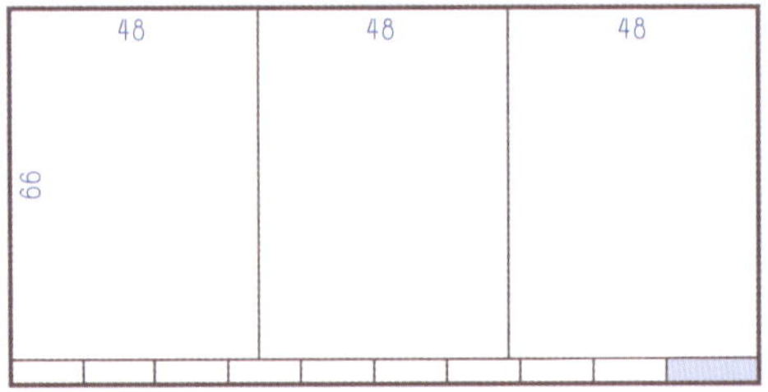

Schneiden Sie für die Schlaufen 5 x 14 cm lange Streifen.

- 18 x 135 cm gemusterter Stoff Nr. 1 (Sterne)

- 10 x 23 cm gemusterter Stoff Nr. 2 (Blumen)

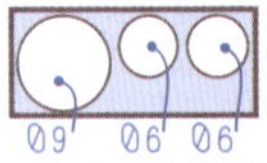

- 10 x 17 cm Stoff Nr. 3 (Pünktchen)

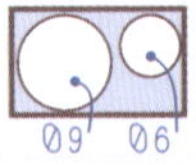

- 25 x 30 cm aufbügelbares Vlies

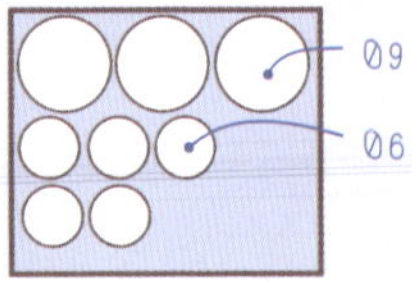

- Runde Schablonen aus Papier: 6 cm und 9 cm Durchmesser
- Zum Stoff passendes Garn

Schneiden Sie die Teile gerade aus.
Das Arbeiten der Kreise wird in Schritt 3 erklärt.

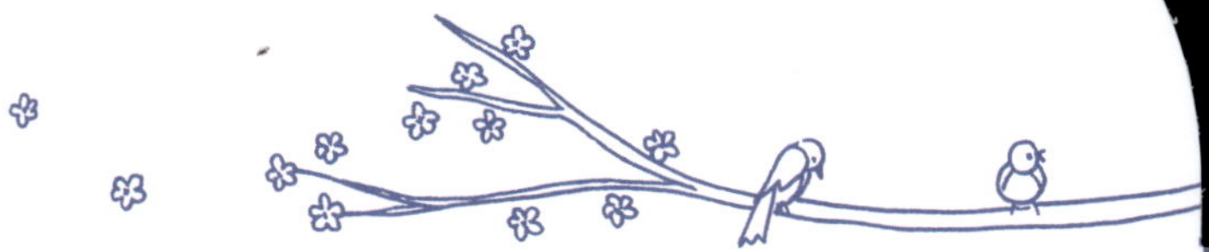

Nahtzugabe einschneiden

Um zu vermeiden, dass die Nahtzugabe aufträgt oder damit der Stoff besser in eine bestimmte Form gelegt werden kann, schneiden wir den Stoff ein. Verwenden Sie eine Schere mit scharfen Klingen.

In den Kurven und den Innenecken

Schneiden Sie vor oder nach dem Nähen kleine Kerben in die Nahtzugabe. Knipsen Sie mit einer kleinen scharfen Schere ungefähr einen Millimeter von der eigentlichen Naht entfernt in regelmäßigem Abstand Kerben in den Stoffrand. Wenn der Stoff sehr fein ist, können Sie anstatt der kleinen v-förmigen Einschnitte auch kleine Spalten schneiden. Am besten schneiden Sie möglichst nah am Scherengelenk ohne die Schere vollständig zu schließen, damit Sie nicht zu weit in den Stoff schneiden und damit die Naht verletzen.

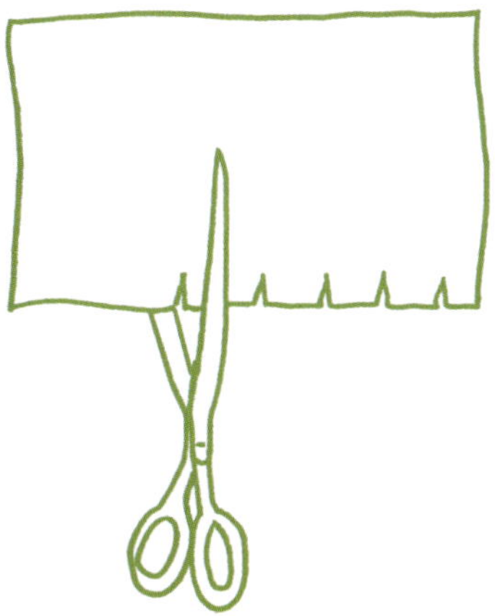

Beispiel

Die Kerben am geraden Rand des zu verarbeitenden Stoffs erleichtern das Zusammennähen mit einem runden Stoffteil.

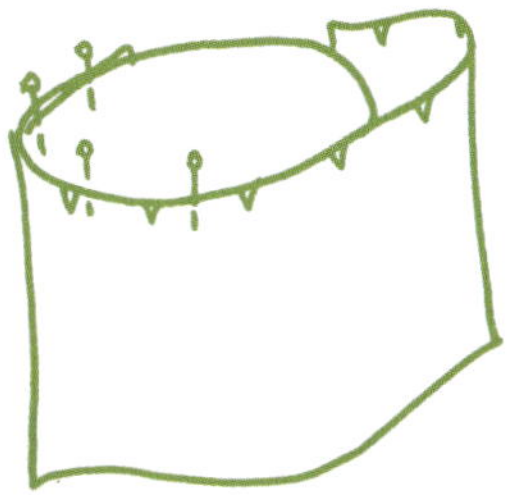

In den Außenecken

In den Außenecken sollten Sie die Nahtzugabe nach dem Nähen schräg zurückschneiden. Somit haben Sie weniger Stoff in der Spitze und die Ecke ist sauber, wenn der Stoff auf rechts gedreht ist.

5 Tunnelzug

Wenden Sie den Beutel durch die Öffnung im Futter. Ordnen Sie das Futter. Bügeln Sie falls nötig den oberen Teil des Beutels. Zeichnen Sie mit Schneiderkreide rundum die Stepplinien für den Tunnelzug 6 und 7 cm vom oberen Beutelrand ein. Steppen Sie die eingezeichneten Linien ab.

6 Henkel

Stecken Sie die beiden Streifen rechts auf rechts zusammen. Steppen Sie die vier Seiten, lassen Sie eine Öffnung von 5 cm auf einer der langen Seiten. Wenden Sie die Arbeit. Schließen Sie die Öffnung von Hand. Legen Sie den oberen Teil des Beutels flach auf den Tisch mit dem Schlitz auf eine Seite. Legen Sie ein Ende des Henkels 1 cm unter den Tunnelzug. Stecken und nähen Sie den Henkel über und unter dem Tunnelzug fest. Befestigen Sie das andere Ende des Henkels ebenso.

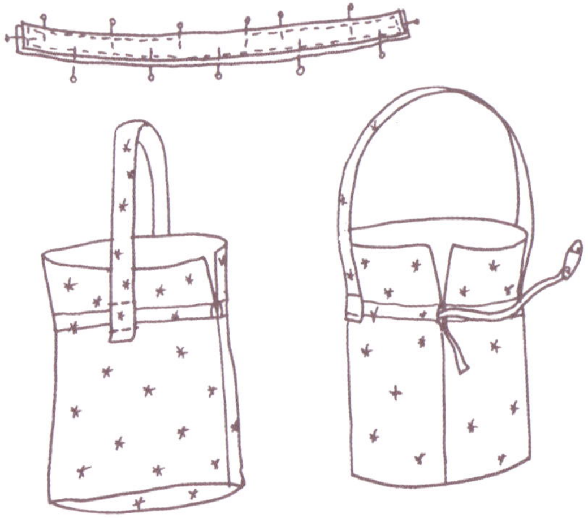

7 Ausarbeitung

Schließen Sie die Öffnung des Futters von Hand.
Ziehen Sie die Kordel mit einer Sicherheitsnadel durch die Tunnelöffnung ein. Machen Sie einen Knoten an beide Enden.
Schlagen Sie den Stoff 0,5 cm um jeden kleinen Kreis nach innen. Steppen Sie den Umschlag und ziehen so einen Kräuselfaden 2 mm vom Rand durch. Setzen Sie die Knoten der Kordel in die Mitte und ziehen Sie am Faden der Kräuselung. Befestigen Sie sie mit ein paar Stichen.

Eine Naht auftrennen

Man näht und näht und manchmal trennt man auch auf…

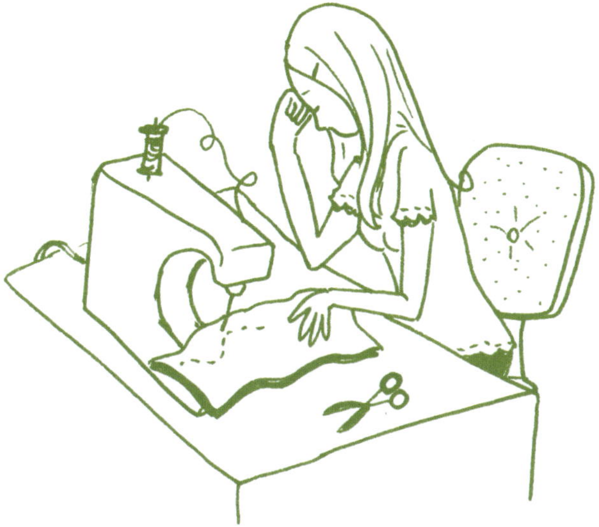

Eine nicht so gelungene Naht muss nicht vollständig misslungen sein. Beurteilen Sie von Fall zu Fall, ob die Naht noch akzeptabel ist oder ob es besser ist, sie wieder aufzutrennen.

Hierfür verwenden Sie am besten eine kleine Schere (möglichst eine Stickschere) oder einen Nahttrenner, auch Pfeiltrenner genannt. Die beiden unterschiedlich langen Zacken sind durch eine kleine, schneidende Klinge verbunden. Der Pfeiltrenner ist sehr praktisch, jedoch auch ziemlich spitz, daher ist es ratsam, ihn nach Gebrauch wieder zu verschließen.

Schieben Sie zum Auftrennen einer Naht die längere Seite des Pfeiltrenners (oder eine der Schneiden der Schere) zwischen die beiden Stoffe und schneiden den Faden der Naht mit der Klinge (oder mit der Schere) durch. Ziehen Sie an beiden Seiten der Naht, diese wird sich ein paar Stiche öffnen. Schneiden Sie erneut in den Faden.

Bei empfindlichem Stoff, oder um vorsichtig vorzugehen, schieben Sie die Klinge unter einen einzelnen Stich.

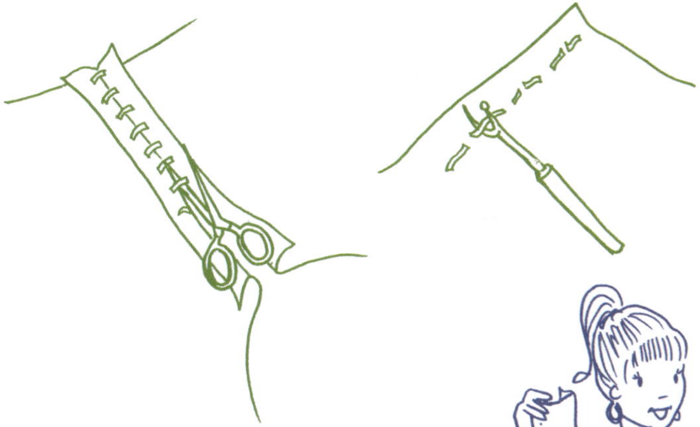

Wie weiß man, ob eine Naht wieder aufgetrennt werden muss?

Wenn Sie sehr genau sind, fragen Sie sich ob die Naht wirklich misslungen ist oder ob das nur Ihr persönlicher Eindruck ist. Wenn Sie in der Regel am liebsten fertig wären bevor Sie überhaupt angefangen haben, sagen Sie sich, dass es manchmal besser ist, sich Zeit zu nehmen und von vorne anzufangen.

Ausführung

1 Vorbereitung

Bügeln Sie das Vlies auf das Futter. Schneiden Sie die Teile nach Skizze aus. Schneiden Sie die beiden kleinen Scheiben (die Enden der Kordel) aus dem gemusterten Stoff aus.

2 Zusammennähen der äußeren Teile

Schneiden Sie die lange Seite des Rechtecks alle 5 cm 5 bis 7 mm tief ein. Stecken Sie diese Seite und den Kreis rechts auf rechts zusammen, lassen Sie einen kleinen Rand von 1 cm an den kurzen Seiten und steppen Sie rundum. Stecken Sie die beiden Ränder der kurzen Seiten rechts auf rechts. Steppen Sie von unten bis 8 cm vom oberen Rand ab und schneiden Sie hier die Nahtzugabe ein. Öffnen Sie die Naht mit dem Bügeleisen. Wenden Sie den Beutel.

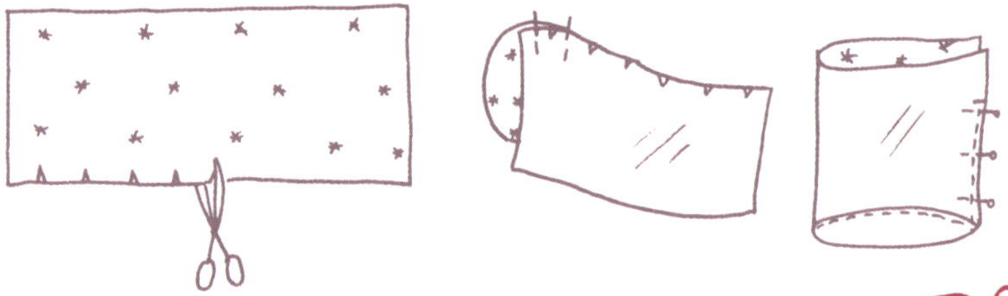

3 Zusammennähen des Futters

Gehen Sie wie beim vorhergehenden Schritt vor und lassen Sie eine Öffnung von 5 cm in der seitlichen Naht. Auf links lassen.

4 Zusammennähen der Außenseite und des Futters

Setzen Sie den Beutel rechts auf rechts und Naht auf Naht in das Futter. Stecken Sie den Beutel rundum, auch den Schlitz von 7 cm Höhe, ab. Steppen Sie und achten dabei auf die Einschnitte beiderseits des Schlitzes. Schneiden Sie die Ecken zurück. Bügeln Sie die Naht auf.

Nähtechniken für perfektes Arbeiten!

Jetzt, da Sie mit Ihrer Maschine und den Grundlagen des Nähens vertraut sind, werden wir speziellere Techniken erlernen, mit deren Hilfe Sie viele raffinierte Näharbeiten anfertigen und ausarbeiten können.

Stoffbeutel

Perfekt für kleine Spielsachen oder die Gymnastikschläppchen, um eine Näharbeit zu schützen oder Haaraccessoires hübsch aufzuräumen. Dieser gefütterte Beutel wird schnell unverzichtbar werden. Nähen Sie doch einen Beutel für jeden in ihrem Umfeld und zeigen Sie so allen Ihre Nähfortschritte!

Hier übe ich

Das Verstärken
Einschneiden der Nahtzugabe
Im Kreis nähen
Einen Tunnelzug nähen

Material

Maße der fertiggestellten Arbeit: 16 x 29 cm ohne Henkel

- 38 x 70 cm gemusterter Stoff für außen und einfarbiger kontrastierender Stoff für das Futter

- 80 cm rosa Kordel
- Zum Stoff passendes Garn

- 33 x 70 cm aufbügelbares Vlies

Die Maße der Teile sehen eine Nahtzugabe von 1 cm vor. Schneiden Sie sie aus, indem Sie Schritt 1 folgen.

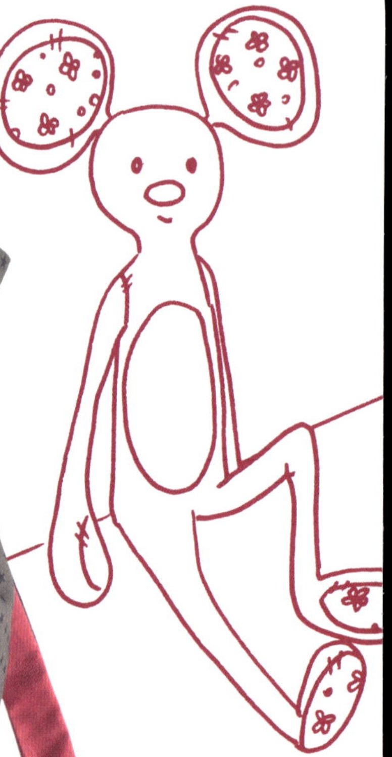

Säumen

Ganz gleich, ob es sich um eine Hose, einen Rock oder einen Vorhang handelt, ein Saum kann durchaus von Hand genäht werden, erlauben jedoch Stoff und Machart mit der Maschine zu säumen, sparen Sie wertvolle Zeit.

Der Saum besteht aus zwei aufeinanderfolgenden Umschlägen, deren Breite von der Art der Näharbeit abhängt.

Vorbereitung

Erste Methode

Diese Methode eignet sich für eine Näharbeit mit bereits vorhandener Nahtzugabe. Schlagen Sie den Stoff nach innen um (0,5 cm zum Beispiel) und bügeln Sie den Umschlag.
Schlagen Sie den Stoff ein weiteres Mal nach innen um, dieses Mal ca. 2 cm.

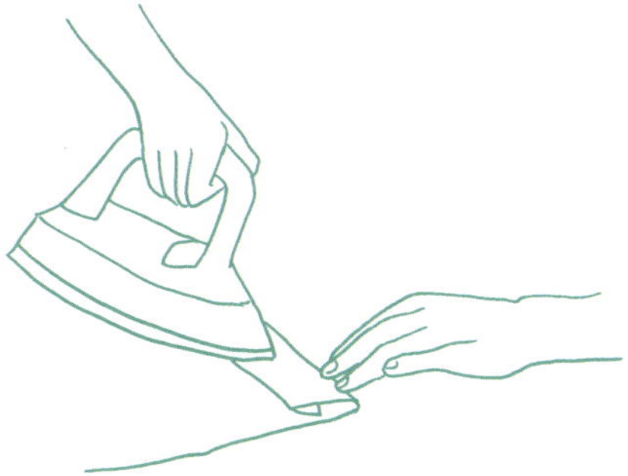

Zweite Methode

Diese Methode eignet sich besonders zum Hosen kürzen. Bestimmen Sie die gewünschte Länge, indem Sie den Stoff nach innen einschlagen und ihn feststecken. Heften Sie den Saum 1 bis 2 cm vom Rand oder bügeln Sie den Saum. Entfernen Sie die Stecknadeln.
Unter Berücksichtigung der Nahtzugabe, die Sie bereits zuvor eingerechnet haben, schneiden Sie den übrigen Stoff ab und schlagen ihn nach innen um (zum Beispiel 0,5 cm).

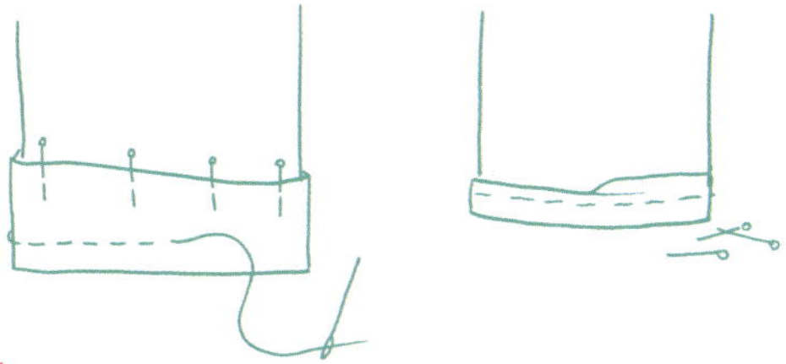

Die Naht

Mit der Maschine

Steppen Sie 2 mm vom gefalteten Rand des Saums. Sichern Sie den Faden mit ein paar Stichen rückwärts am Anfang und am Ende der Naht.

Von Hand

Zum Säumen von Hand eignet sich besonders der Hexenstich. Nähen Sie in kleinen Stichen und nehmen Sie nur die Oberfläche des Stoffs, damit die Naht auf der rechten Seite unsichtbar bleibt.

Mit der Maschine Von Hand

Ausführung

1 Die Paspel einsetzen

Setzen Sie in Ihre Maschine den Reißverschlussfuß ein. Stecken Sie die Paspel rechts auf rechts auf den Rand einer der Vorderseiten des Kissens, den Wulst nach innen, lassen Sie in der ersten Ecke den Anfang der Paspel etwas überstehen. Nähen Sie so nah wie möglich am Wulst. Schneiden Sie die Paspel in der folgenden Ecke ein und führen Sie sie auf der zweiten Seite weiter usw.

Zum Schluss werden die beiden Enden der Paspel zusammengenommen, dafür die Kordel auf 0,5 cm aus dem Schrägband an beiden Enden entfernen und mit ein paar Stichen von Hand verbinden.

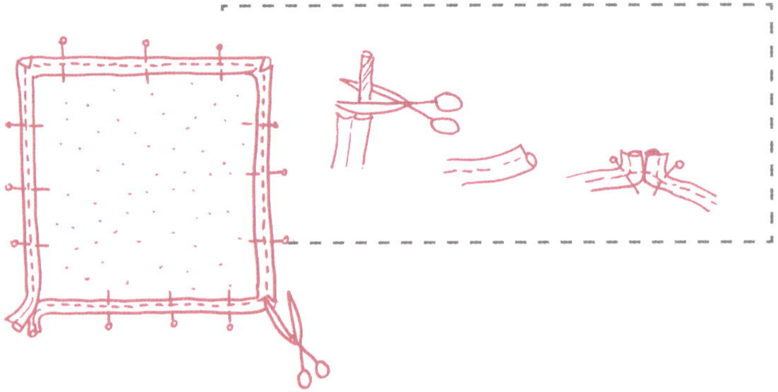

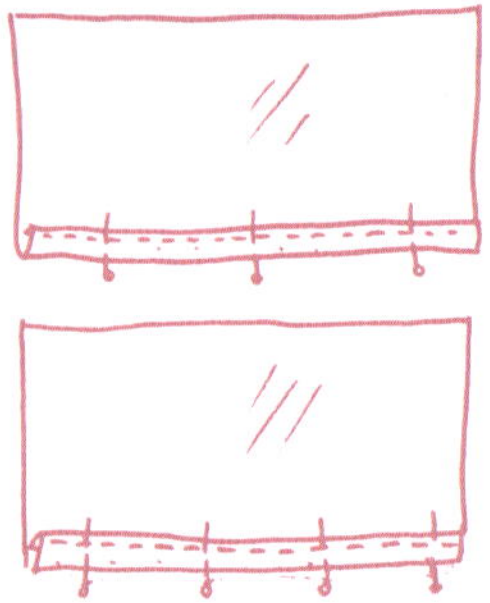

2 Rückseite des Kissens

Schlagen Sie bei jedem Rechteck eine der langen Seiten erst 1 cm dann 3 cm nach innen um und stecken sie fest. Steppen Sie 2 mm vom Umschlagrand.

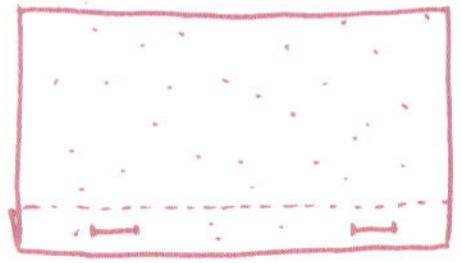

3 Knopflöcher

Bringen Sie auf dem Umschlag von einem der Rechtecke 8 cm vom Seitenrand entfernt zwei Knopflöcher an.

4 Zusammennähen der beiden Seiten

Stecken Sie das Rechteck mit den Knopflöchern, die rechte Seite nach oben auf das zweite Rechteck, so dass die Umschläge aufeinanderliegen. Stecken Sie die Vorderseite rechts auf rechts auf die Rückseite.

Steppen Sie mit dem Reißverschlussfuß auf der Naht der Paspel. Versäubern Sie alle Seiten.

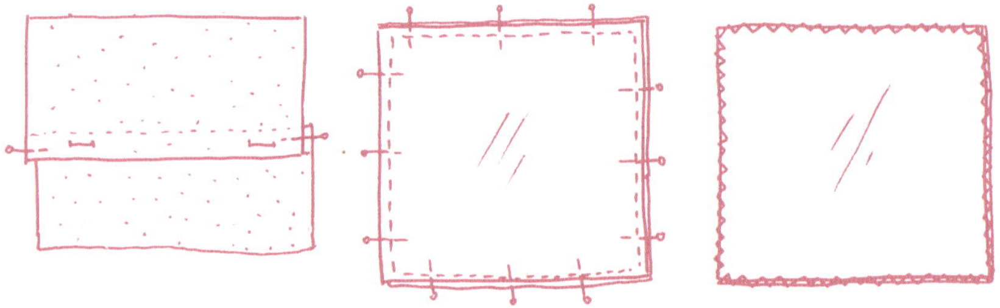

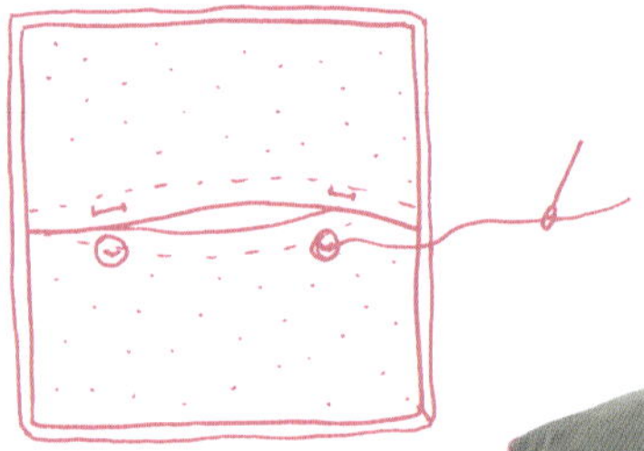

5 Ausarbeitung

Wenden Sie den Bezug. Nähen Sie die Knöpfe den Knopflöchern gegenüber an. Verzieren Sie den Bezug.

Die Steppnaht

Die Steppnaht ist auf der rechten Seite der Näharbeit sichtbar und wird vor allem verwendet, wenn man die Naht dekorativ zur Geltung bringen möchte.

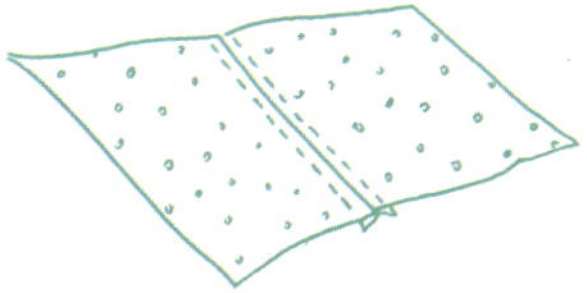

Nähen Sie die Teile zunächst links zusammen und öffnen Sie die Nähte auf der Rückseite der Arbeit mit dem Bügeleisen. Bringen Sie eine gerade Naht auf der rechten Stoffseite 2 mm auf einer oder beiderseits der Naht an.

Französische Naht

Eigentümlich ist, dass die ‚Französische Naht' in Frankreich ‚Englische Naht' genannt wird!

Mit dieser Technik gelingt ein hübscher Abschluss an der Innen- und Außenseite Ihrer Näharbeit. Sie eignet sich besonders für Näharbeiten, die nicht unterfüttert werden, bei durchsichtigen Stoffen oder um einem Accessoire oder Dekorationsobjekt mehr Halt zu geben.
Sie wird in zwei Schritten gearbeitet. Zunächst wird auf der Außen- und dann auf der Innenseite des Stoffs genäht. Berücksichtigen Sie bereits beim Zuschneiden eine entsprechende Nahtzugabe.

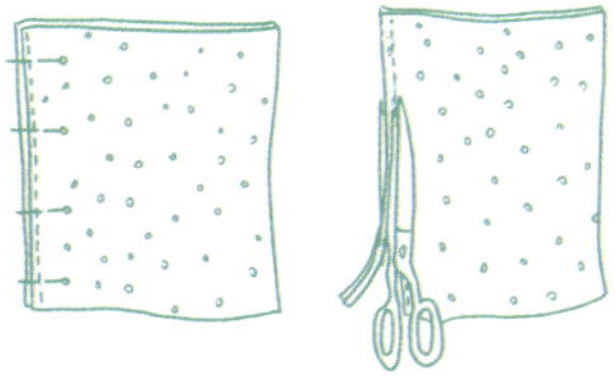

1 Stecken Sie den Stoff links auf links bündig aufeinander. Steppen Sie 5 mm vom Rand. Kürzen Sie die Nahtzugabe auf 3 mm. Bügeln Sie sie für eine flache Naht auf eine Seite.

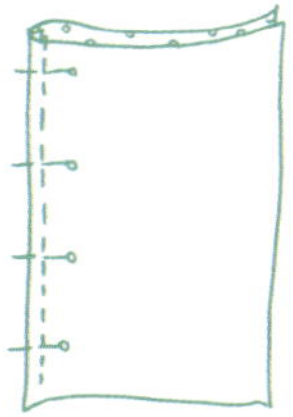

2 Wenden Sie Ihre Arbeit auf links. Stecken Sie die Teile rechts auf rechts zusammen. Heften Sie sie, wenn Sie sich so sicherer fühlen. Stechen Sie 5 mm vom Rand ein und achten Sie darauf, dass die Nahtzugabe der ersten Naht nicht hervorschaut. Bügeln Sie die Naht sorgfältig auf eine Seite.

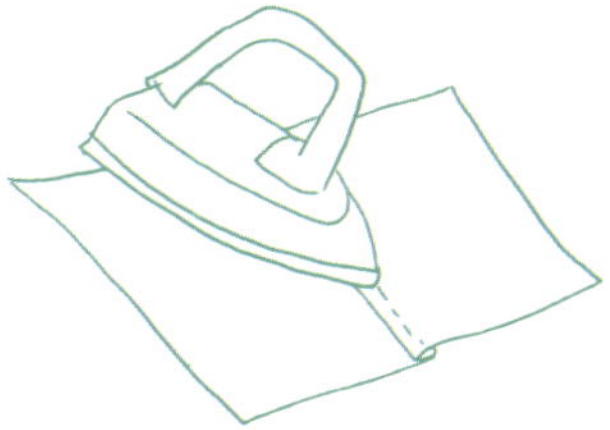

Die Nahtzugabe ist hier unverbindlich für einen feinen Stoff angegeben.

Sofakissen

Bereits ein paar Kissen genügen, um einem Sofa einen neuen Look zu geben. Bei diesen Kissen lernen Sie eine Paspel zu setzen, ein Schneiderdetail, das den Unterschied macht! Die Kissen werden hinten mit Knöpfen geschlossen und sind daher leicht waschbar. Entwerfen Sie doch eine ganze Kollektion!

Material

Maße: Die Kissenbezüge sind für Kissen der Größe 30 x 30 cm vorgesehen.

- 32 x 76 cm Stoff

- 1,20 m Paspel
- Zwei Knöpfe mit ca. 1,5 cm Durchmesser
- Zum Stoff passendes Garn
- Ein Kisseninlet 30 x 30 cm

Die angegebenen Maße sehen eine Nahtzugabe von 1 cm vor.

Hier übe ich

Den Nähfuß wechseln
Eine Paspel einsetzen
Knopflöcher nähen
Knöpfe annähen

Henkel, Laschen, Bänder...

Dieses Zubehör, das für viele Accessoires verwendet wird, ist jedes für sich nicht so schwierig zu nähen. Diese Teile werden zuerst gefertigt und dann an der Näharbeit angebracht. Es braucht nur ein wenig Präzision und es muss eine passende Methode gewählt werden.

Zuschneiden und Nähen

Mit zwei Streifen aus demselben oder aus verschiedenen Stoffen

a

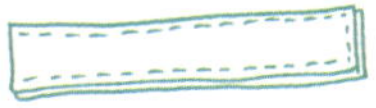
b

Zeichnen Sie zwei gleiche Streifen auf den Stoff, vergessen Sie die Nahtzugabe nicht. Stecken Sie die Streifen rechts auf rechts zusammen. Sind die Enden am Nähgut sichtbar, steppen Sie die vier Seiten und lassen eine Öffnung auf einer der langen Seiten (a). Wenn die Enden in der Naht versteckt sind, schließen Sie nur ein Ende und steppen Sie die beiden langen Seiten. Falls nötig, schneiden Sie die Ecken zurück (b).

Mit einem Stoff

Schneiden Sie einen Streifen und legen ihn rechts auf rechts der Länge nach doppelt. Feststecken, steppen wie zuvor, je nach Verwendungszweck.

Stabiler Henkel und andere Kleinteile

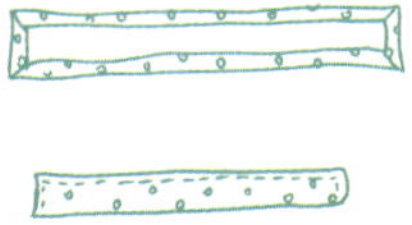

Sie können mit einem einzigen Streifen, dessen Nahtzugabe zuvor nach innen gebogen wurde, arbeiten. Der Streifen wird der Länge nach doppelt gelegt und gesteppt. Bei dieser Methode brauchen Sie das Nähgut nicht zu wenden.

Wie wendet man eine Arbeit?

Ganz gleich welche Technik Sie gewählt haben, versuchen Sie nicht den Streifen wie einen Socken durch die Öffnung zu wenden! Schieben Sie mit Hilfe einer Stricknadel oder eines chinesischen Essstäbchens das Ende des Streifens bis zur Öffnung und weiter, bis der Stoff sich über die Nadel oder das Essstäbchen schiebt.
Sind beide Enden genäht, schieben Sie erst das eine, dann das andere Ende zur Öffnung in der Mitte. Öffnen Sie auch die Ecken, indem Sie die Stricknadel hineinschieben.

Wie schließt man eine Öffnung?

Bügeln Sie die Nahtzugabe sorgfältig in die Verlängerung der schon bestehenden Naht. Schließen Sie die Naht im Blindstich von Hand.

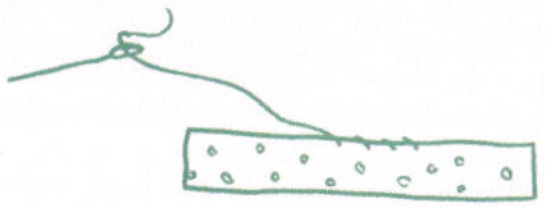

Gerades Bindeband

Eignet sich für feine Stoffe. Nähen Sie nur die lange Seite und sehen Sie eine kleinere Nahtzugabe als üblich vor oder schneiden Sie sie nach dem Nähen zurück.
Wenden Sie das Band mit Hilfe einer Wollnadel und einem Faden, den Sie an einem der Enden befestigen. Fädeln Sie die Nadel in den Tunnel bis zum andern Ende. Wenn Sie die Enden schließen wollen, schieben Sie sie nach innen und schließen Sie sie im Blindstich.

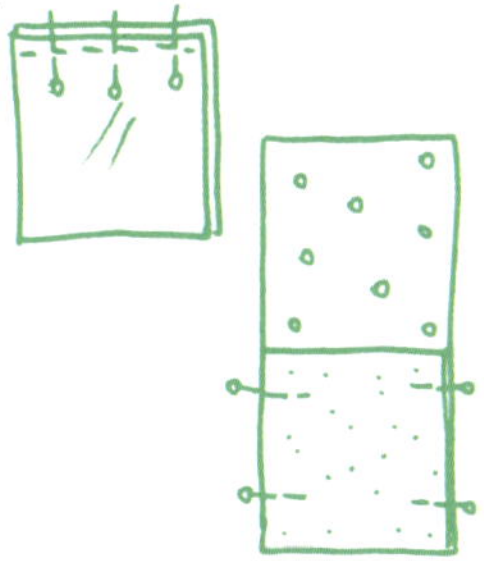

Ausführung

1 Tasche

Stecken Sie die beiden Teile für die Tasche rechts auf rechts aufeinander. Steppen Sie den oberen Rand, bügeln Sie die Naht auf und wenden Sie die Arbeit. Legen Sie die Tasche auf eines der seitlichen Rechtecke: stecken Sie die Taschenaußenseite auf den Stoff, der für die Außenseite des Überzugs vorgesehen ist.

2 Füttern der Stoffe

Stecken Sie jedes Teil des ersten Stoffs rechts auf rechts auf sein Pendant aus dem zweiten Stoff, auch das mit der Tasche. Steppen Sie die vier Seiten jedes Stoffpaares und lassen Sie eine Öffnung von 6 cm in der Mitte einer Seite (4 cm auf einer der langen Seiten für den Griff). Schneiden Sie die Ecken zurück. Wenden und bügeln Sie die Arbeit.

2

3

3 Griff

Steppen Sie den Griff 2 mm vom Rand rundum ab. Setzen Sie ihn mittig, 12 cm von den kurzen und 5 cm von den langen Seiten auf den Stoff, der für die Oberseite des Überzugs vorgesehen ist. Feststecken und kreuzweise aufsteppen.

4 Zusammennähen

Stecken Sie den Rand des Rechtecks für die Oberseite, Futter auf Futter, auf das Rechteck der ersten Frontseite. Steppen Sie 2 mm vom Rand, beginnen und beenden Sie die Naht 5 mm vor dem Stoffrand. Stecken Sie das zweite Rechteck auf der gegenüberliegenden Seite fest. Steppen Sie wie zuvor. Fügen Sie den oberen Rand der Seitenteile mit dem oberen Rechteck in gleicher Weise zusammen. Durch das Schließen der vier Seitennähte erhält der Überzug seine Form.

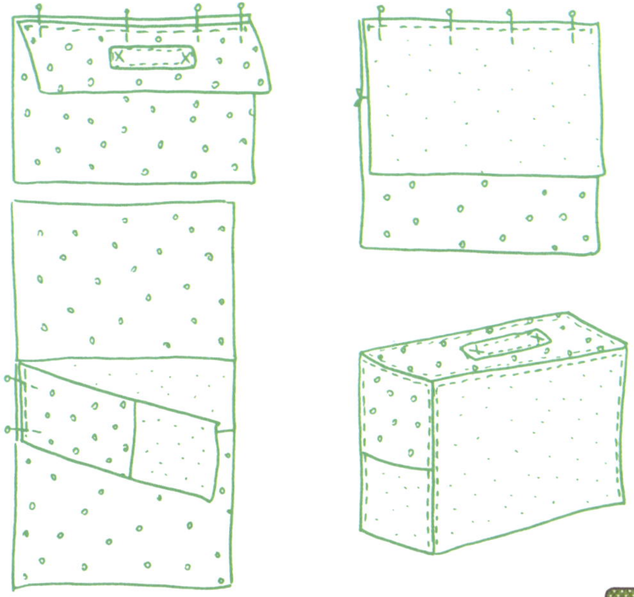

Ein Schrägband herstellen

Hübsch anzusehen, ersetzt das Schrägband auch schwierigere Säume, zum Beispiel an runden Kanten bei einer runden oder ovalen Tischdecke.
Ein schräg zugeschnittener Stoff ist elastischer und somit besser in Kurven verwendbar. Im Handel gibt es fertiges Schrägband, vorgefalzt und in unterschiedlichen Breiten, zu kaufen. Sie können jedoch auch selbst ein Schrägband herstellen, welches dann perfekt zu Ihrem Stoff passt.

Zuschnitt

Falten Sie Ihren Stoff, indem Sie die Webkante auf die Schnittkante legen. Bügeln Sie darüber und schneiden Sie am Falz entlang. Sie erhalten ein Dreieck. Zeichnen Sie rechts und links der Diagonalen mehrere Streifen ein. Für einen Schrägstreifen von 1,5 cm benötigen Sie einen Streifen von 4 cm Breite.

Anschluss

Das Schrägband kann je nach gewünschter Länge zusammengesetzt werden, beachten Sie dabei die Richtung der Schräge. Setzen Sie die beiden Enden rechts auf rechts im Fadenlauf zusammen und steppen Sie sie auf 0,5 cm. Öffnen Sie die Nähte mit dem Bügeleisen.

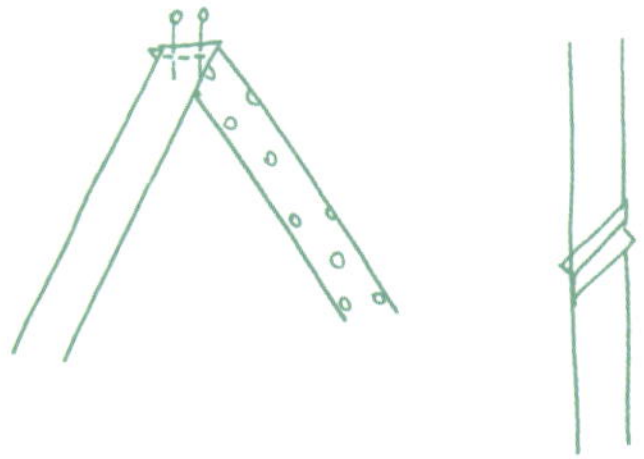

Falten

Der Einfachheit halber können Sie das Schrägband mit dem Bügeleisen vorfalten. Schlagen Sie die beiden langen Kanten 0.5 cm nach innen ein und bügeln Sie sie auf der ganzen Länge.

Tipp

Beabsichtigen Sie öfter selbst Schrägbänder passend zu Ihrer Näharbeit herzustellen, lohnt die Investition in einen Schrägbandformer, der das Bügeln des Schrägbandes erleichtert.

Abdeckung für meine Nähmaschine

Hier übe ich

Teile zusammenfügen
Eine Arbeit wenden
Zusammennähen
Die gerade Naht

Ein traumhafter Überzug zum Schutz Ihrer Nähmaschine, damit ist sie überall gut aufgehoben – sogar im Wohnzimmer! Komplett unterfüttert, ist der Überzug doch ganz einfach zu nähen: Alle Teile sind aus zwei verschiedenen Stoffen geschnitten, die innen oder außen verwendet werden.

Material

Maße der fertiggestellten Arbeit: 38 x 26 x 14 cm

- 77 x 56 cm gepunkteter Stoff grün und klein gepunkteter Stoff gelb
- Zum Stoff passendes Garn

Schneiden Sie aus beiden Stoffen die gleichen Teile aus. Die angegebenen Maße sehen 1 cm Nahtzugabe vor.

Achten Sie beim Zusammennähen von gemusterten Stoffen auf die Musterrichtung.

Ein Schrägband einsetzen

Ein Schrägband, ganz gleich ob selbst hergestellt oder fertig gekauft, fasst eine Arbeit immer hübsch ein und gibt ihr ein professionelles Aussehen.

Schrägband ohne sichtbare Naht

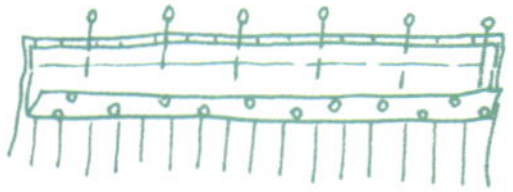

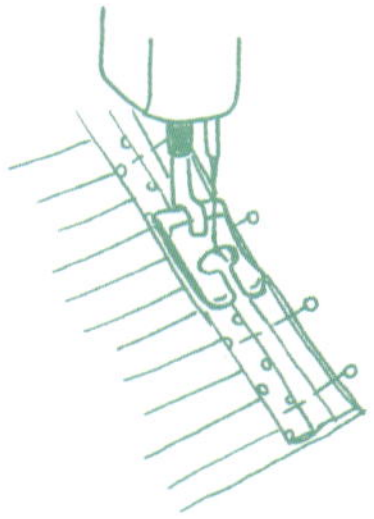

1 Verwenden Sie ein fertiges Schrägband, öffnen Sie die beiden Seiten. Setzen Sie das Schrägband rechts auf rechts auf den Stoff. Stecken oder heften Sie die Teile zusammen. Steppen Sie in den Falz des Schrägbandes oder bei nicht vorgefalzten Schrägbändern 5 mm vom Rand.

2 Zum Umklappen des Schrägbands flachen Sie die Naht mit dem Fingernagel oder mit dem Bügeleisen ab. Falten Sie das Schrägband in der Mitte über den Stoffrand mit dem Falz nach innen, entlang der vorhergehenden Naht und stecken Sie es fest.

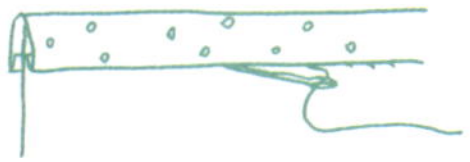

3 Nähen Sie im Blindstich und setzen Sie die Stiche leicht über die bereits vorhandenen Einstiche, damit sie auf rechts nicht sichtbar sind.

Abgesteppte Schrägband

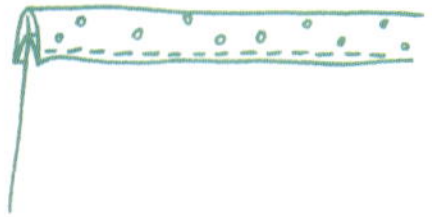

Folgen Sie Schritt 1 und 2 von „Schrägband ohne sichtbare Naht". Steppen Sie das Schrägband auf rechts 2 mm vom Rand entfernt.

Das Schrägband in der Kurve

Setzen Sie das Schrägband ein und ziehen es dabei leicht in Form.

Schrägband mit Briefecke

1 Öffnen Sie das Schrägband und setzen Sie es rechts auf rechts auf den Stoffrand.
Stecken oder heften Sie es fest. Sobald Sie zur ersten Ecke kommen, schneiden Sie das Schrägband zurück und machen eine viertel Drehung. Steppen Sie im Falz des Schrägbandes alle vier Seiten.

2 Wenden Sie das Schrägband auf links. Falten Sie zunächst eine Seite. Flachen Sie die Ecke ab, falten Sie die zweite Seite usw. Steppen Sie mit der Maschine oder nähen Sie im Blindstich.

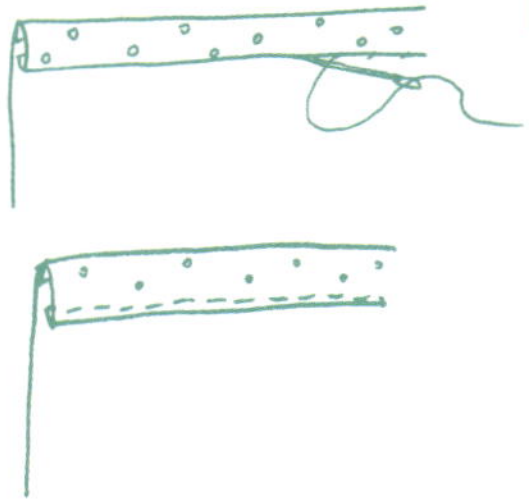

Eingefasster Saum

Das Schrägband ist nur auf der Innenseite der Arbeit sichtbar. Folgen Sie Schritt 1 „Schrägband ohne sichtbare Naht". Wenden Sie das Schrägband auf links und steppen Sie es oder nähen Sie es von Hand auf den Umschlag.

Ansetzen

Möchten Sie ein Schrägband rund um ein Stoffteil anbringen, schlagen Sie den Anfang um 0,5 cm ein. Legen Sie es rundum und fügen Ende und Anfang des Schrägbandes zusammen. Nähen Sie dann das Schrägband in der von Ihnen gewählten Methode an.

3 Zusammennähen

Legen Sie die zwei Seiten des Etuis mit geöffnetem Reißverschluss rechts auf rechts aufeinander. Stecken und steppen Sie die drei Seiten 1 cm vom Rand. Öffnen Sie die Nähte mit dem Bügeleisen. Wenden Sie die Arbeit.

4 Nadelbüchlein

Haben Sie das Schrägband gewählt, falten Sie es und steppen es auf der ganzen Länge, damit es sich nicht öffnet. Setzen Sie die Enden des Bandes zur Hälfte gefaltet auf eine der schmalen Seiten des Filzes (auf rechts). Belassen Sie das Band in der Mitte, damit es nicht aus Versehen eingenäht wird. Legen Sie das gemusterte Stoffrechteck rechts auf rechts darauf. Stecken und steppen Sie einmal rundum, lassen Sie eine Öffnung von 5 cm auf einer der langen Seiten. Wenden Sie die Arbeit durch die Öffnung. Bügeln und steppen Sie dann 0,5 cm vom Rand einmal rundum.

5 Ausarbeitung

Nähen Sie beim Nadelbüchlein die Druckknopfhälfte mit dem Kopf auf der Filzseite leicht unter das Band. Falten Sie das Büchlein in drei Teile und nähen Sie die Druckknopfhälfte mit der Vertiefung der anderen gegenüber an. Ziehen Sie die Schlinge des Bandes durch den Schieber des Reißverschlusses und dann das Nadelbüchlein durch die Schlinge, um es zu befestigen. Ziehen Sie den Knoten zu. Zur Verzierung des Etuis können Sie ein Bügelmotiv aufbügeln oder von Hand ein von Ihnen erfundenes Motiv applizieren.

3

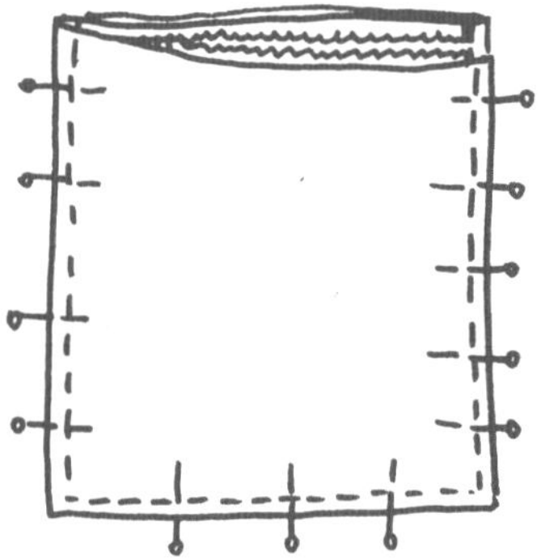

4

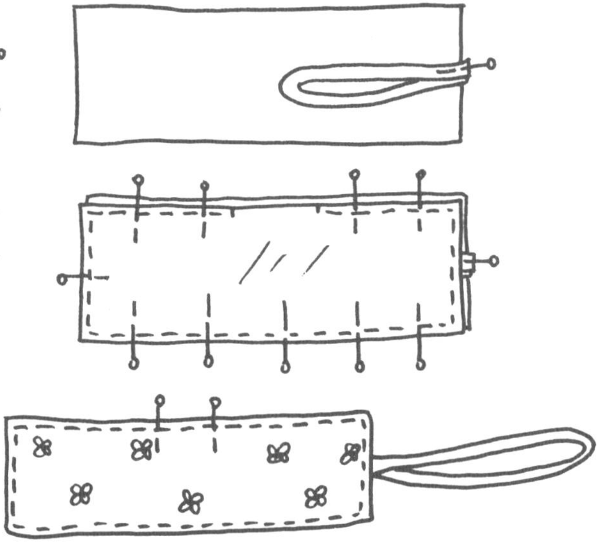

5

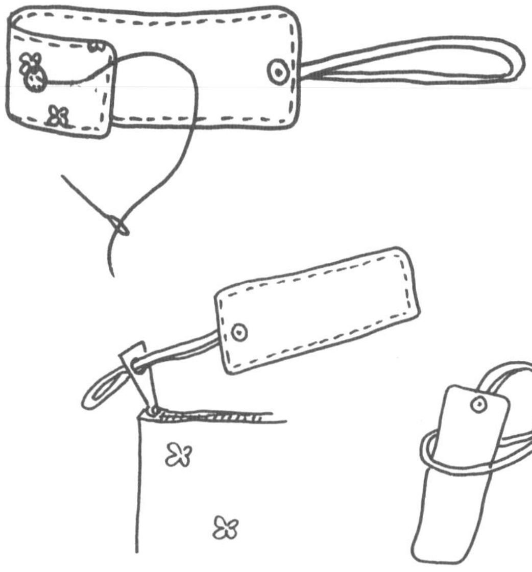

Eine Paspel einsetzen

Eine Paspel ist ein Einfassband, bestehend aus Schrägband und einer Kordel.

Man setzt die Paspel zwischen zwei Stofflagen, um Kissen oder Sofas einzurahmen, aber auch um Einsätze bei Kleidung hervorzuheben oder die Manschetten eines Hemdes zu betonen. Passen Sie, falls nötig, beim Zuschneiden die Nahtzugabe der Stoffteile an das Paspelband an.

Wie gehe ich vor?

Breiten Sie das erste Stoffteil, rechts nach oben, auf dem Tisch aus. Legen Sie die Paspel, die flache Seite nach außen, rund um den Stoff. Lassen Sie die Paspel an den Ecken überstehen. Stecken und heften Sie.
Setzen Sie den Reißverschlussfuß in Ihre Maschine ein. Steppen Sie entlang der Kordel. Verbinden Sie die Enden wie beschrieben. Legen Sie das zweite Stoffteil rechts auf rechts darüber. Stecken und heften Sie. Steppen Sie auf der Seite des ersten Stoffteils auf der zuerst angebrachten Naht. Wenden (rechts nach außen) und bügeln Sie Ihre Arbeit.

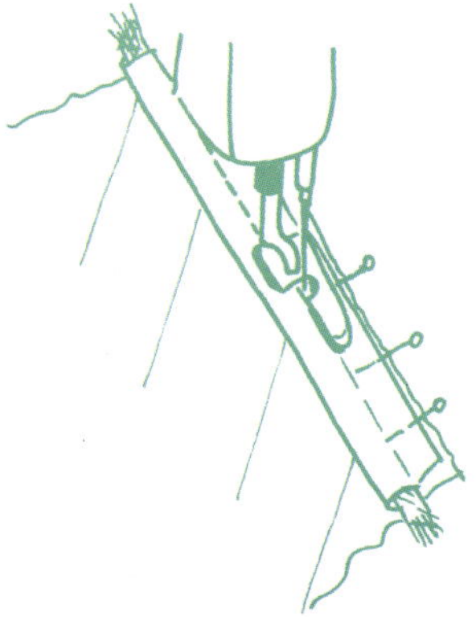

Die Enden einer Paspel verbinden

Erste Möglichkeit

Entfernen Sie die Kordel an beiden Enden und nähen Sie die Paspel von Hand zusammen.

Zweite Möglichkeit

Entfernen Sie die Kordel an beiden Enden. Schlagen Sie das eine Ende nach innen um und stecken Sie das andere darauf.

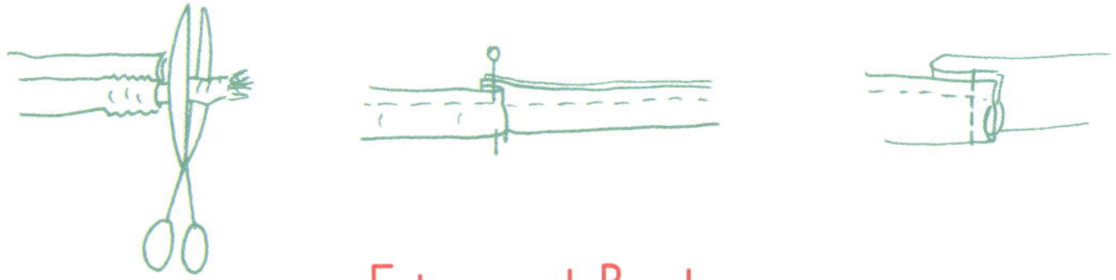

Ecken und Rundungen

Schneiden Sie das Schrägband beim Nähen in der Ecke ein, fast bis zur Naht, ohne diese zu verletzen. Schneiden Sie dann die Ecke des Stoffs schräg zurück. Schneiden Sie in Rundungen das Schrägband und den Stoff ungefähr bis zur Hälfte der Breite des Schrägbands mehrfach ein.

Herstellung

Sie können die Paspel auch selbst herstellen, damit sie perfekt zu Ihrer Näharbeit passt. Schneiden Sie einen schrägen Stoffstreifen (siehe Seite 28). Setzen Sie die Kordel mittig auf die linke Seite des Schrägbandes und falten Sie es darüber. Stecken und heften Sie 2 mm entlang der Kordel. Mit dem Reißverschlussfuß entlang der Heftlinie steppen.

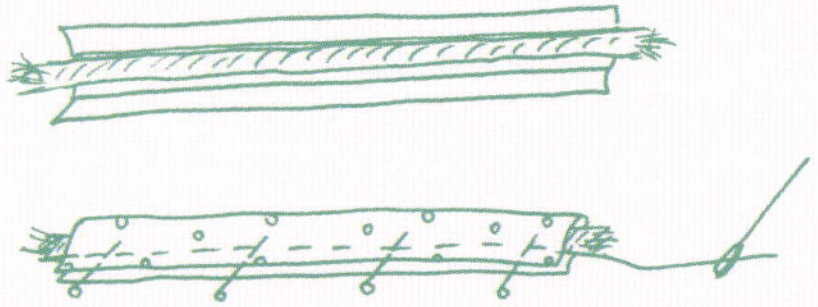

Ausführung

1 Versäubern des Etuis

Stecken Sie das Quadrat aus dem gemusterten Stoff links auf links auf das Filzquadrat. Versäubern Sie die vier Seiten. Gehen Sie bei den anderen Stoffteilen ebenso vor.

1

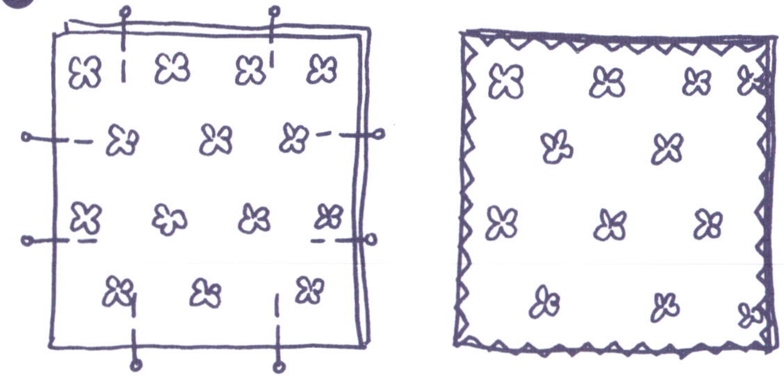

2

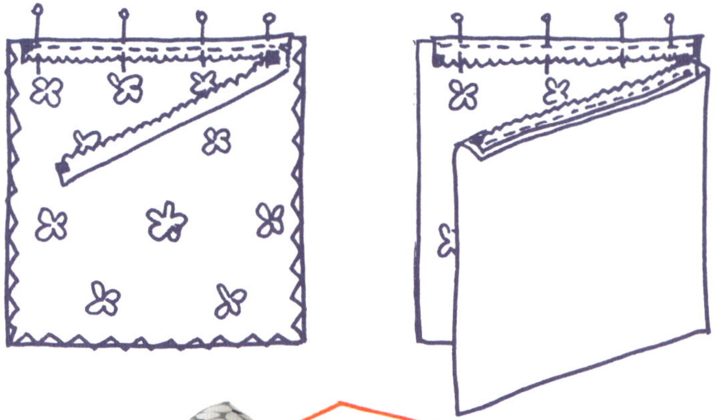

2 Verschluss

Öffnen Sie den Reißverschluss. Setzen Sie eine Seite des Reißverschlusses rechts auf rechts bündig auf die Oberkante einer Etuiseite 1 cm vom Rand entfernt. Setzen Sie den Reißverschlussfuß in Ihre Nähmaschine ein. Steppen Sie den Reißverschluss so nah wie möglich an den Zähnen; beginnen und beenden Sie die Naht 1 cm vom Rand auf jeder Seite. Gehen Sie auf der anderen Seite genauso vor.

Einen Reißverschluss einsetzen

Dieser Schritt erscheint Anfängerinnen oft besonders schwierig! Lassen Sie sich nicht entmutigen! Hier zwei einfache Methoden, einen Reißverschluss einzusetzen.

Einsetzen mit abgesteppter Naht

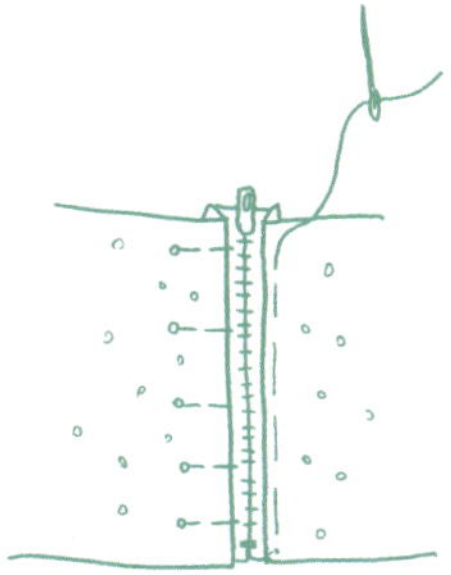

1 Falten Sie die Nahtzugabe auf beiden Seiten der Öffnung Ihrer Arbeit nach innen. Setzen Sie den geschlossenen Reißverschluss unter die Arbeit und achten Sie darauf, dass die Stoffränder sich gegenüber liegen. Stecken Sie den Reißverschluss fest und heften dann beide Seiten des Reißverschlusses unter die Nahtzugabe.

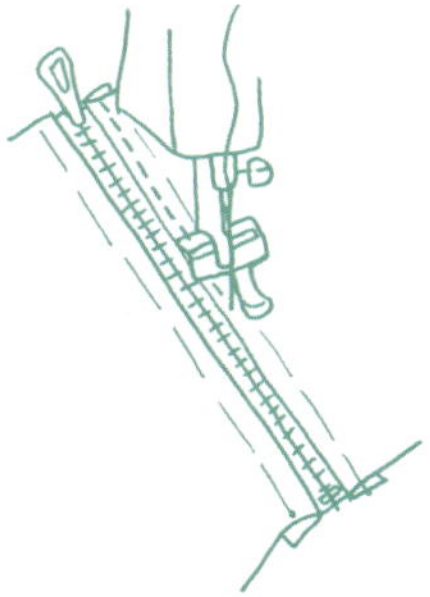

2 Setzen Sie den Reißverschlussfuß an der richtigen Seite in Ihre Nähmaschine ein, damit er nicht an den Reißverschluss stößt.

3 Steppen Sie die erste Seite des Reißverschlusses 0,5 cm von den Zähnen, sichern Sie Anfang und Ende mit Rückstich. Falls der Schieber beim Nähen stört, heben Sie den Nähfuß und ziehen den Schieber ein paar Zentimeter nach unten. Danach wieder hochziehen.

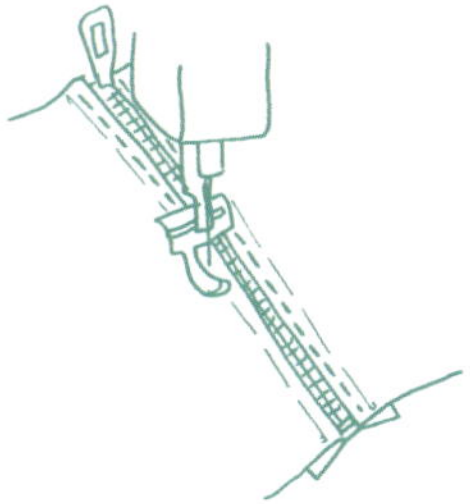

4 Steppen Sie die zweite Seite des Reißverschlusses genauso, versetzen Sie falls nötig den Nähfuß an die richtige Seite. Entfernen Sie den Heftfaden.

Einsetzen ohne Steppnaht

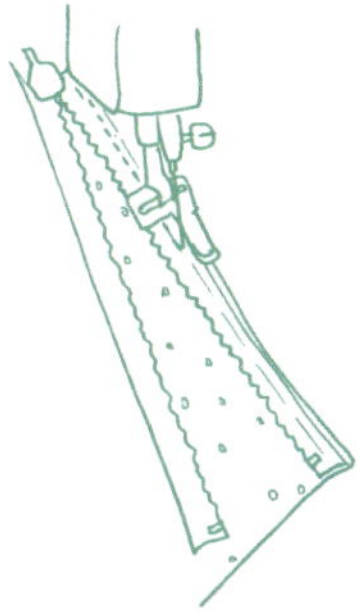

1 Stecken und heften Sie dann eine Seite des Reißverschlusses auf den Stoff, rechts auf rechts am Rand entlang.

2 Setzen Sie den Reißverschlussnähfuß an der richtigen Seite der Nähmaschine ein, damit er nicht an den Reißverschluss anstößt. Steppen Sie 2 mm neben dem Rand des Reißverschlusses. Sichern Sie die Naht am Anfang und Ende mit einem Rückwärtsstich.

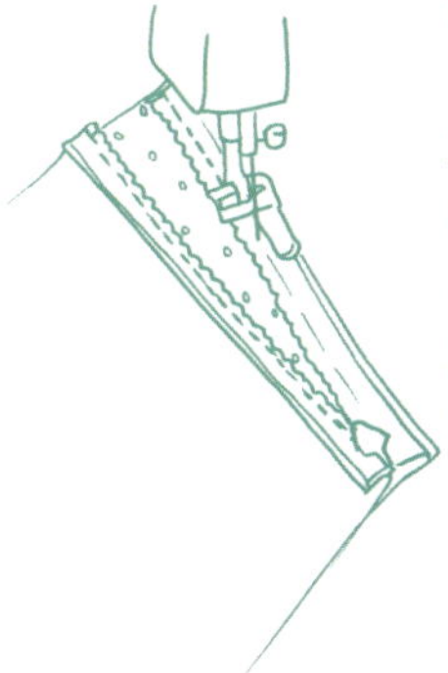

3 Stecken oder heften Sie die zweite Seite des Reißverschlusses, rechts auf rechts, ohne dass der Stoff sich verschiebt. Nähen Sie, die größere Stoffmenge immer auf der linken Seite, und entfernen Sie die Heftfäden.

Kleines Nähetui

Die Freude am Nähen wächst, wenn man seine Nähutensilien immer hübsch aufbewahrt zur Hand hat. Auf jeden Fall ist dieses leicht zu nähende Etui eine gute praktische Übung, bei der Sie lernen, einen Reißverschluss einzusetzen.

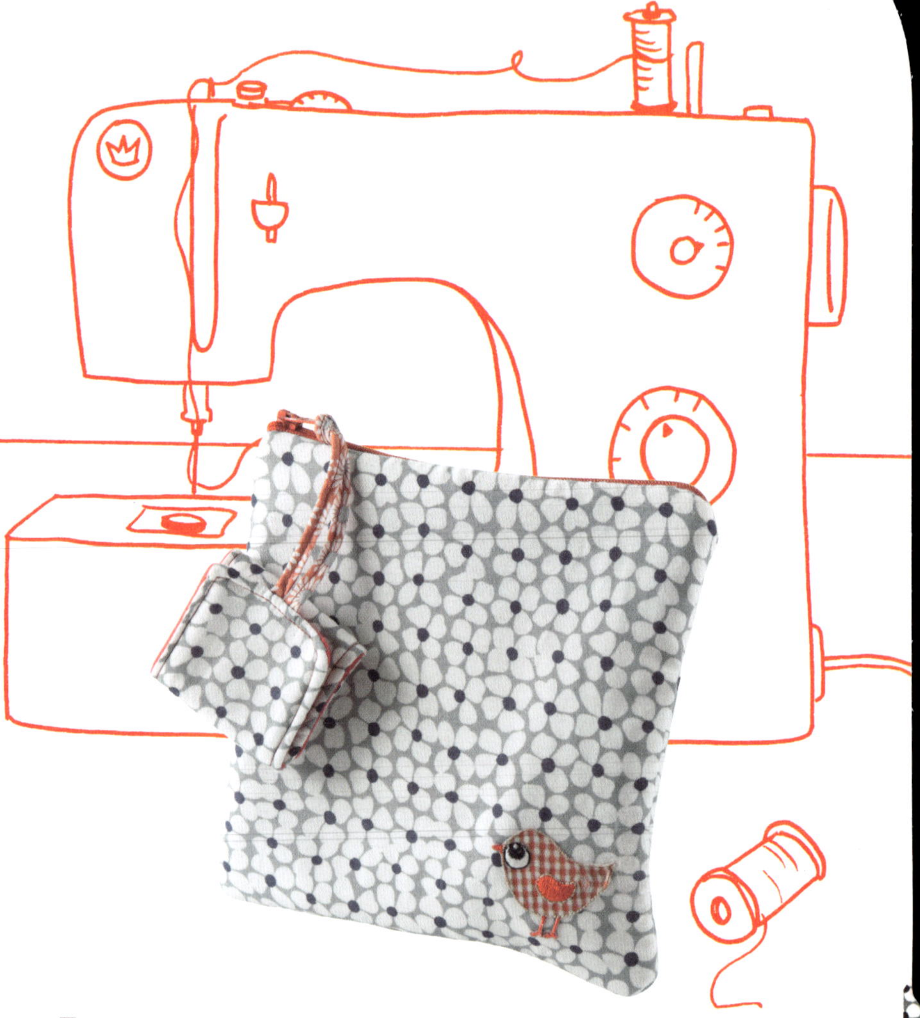

Hier übe ich

Versäubern
Den Nähfuß wechseln
Einen Reißverschluss einsetzen

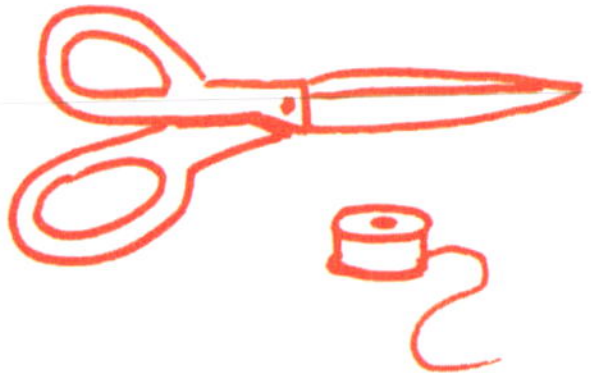

Material

Größe der fertigen Näharbeit: 18 x 18 cm

- 20 x 47 cm gemusterter Stoff und Filz (hier rot)

- 25 cm 0,5 cm bereits Band oder bedrucktes Schrägband
- Ein 20 cm langer Reißverschluss
- Ein Druckknopf
- Ein Aufbügelmotiv (falls gewünscht)
- Zum Stoff passendes Garn

Die Maße der Teile sehen eine Nahtzugabe von 1 cm für das Etui und 0,5 cm für das Nadelbüchlein vor. Schneiden Sie die Teile aus beiden Stoffen entsprechend den Maßvorgaben der Anleitung.

Tipp

Wenn der gewählte gemusterte Stoff ein wenig durchsichtig ist, wählen Sie einen hellen Filz. Sie können den Stoff vor dem Nähen auch mit einem weißen oder elfenbeinfarbenen Stoff in derselben Größe unterfüttern.

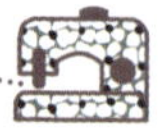

Der Tunnelzug

Der Tunnel ist ein Umschlag oder ein Stoffaufsatz, in den ein selbst gefertigtes Band, eine Kordel oder ein Gummiband eingezogen werden kann, hübsch für eine Tasche oder den Taillenbund eines Rocks. Die Breite des Tunnels muss größer sein als der Gummizug oder die Kordel, damit das Zuziehen problemlos funktioniert.

Aufgesteppter Tunnel

Wenn Ihre Näharbeit soweit fertiggestellt ist, bereiten Sie einen Stoffstreifen vor. Er sollte etwas breiter als das Band sein, das Sie durchziehen möchten, und die Länge sollte dem Umfang Ihrer Arbeit entsprechen. Fügen Sie eine Nahtzugabe hinzu und bügeln Sie diese nach innen. Setzen Sie den Stoffstreifen links auf rechts auf die Arbeit. Steppen Sie entlang der Seiten, nahe am Rand, anschließend bügeln.
Ziehen Sie das Band mit Hilfe einer Sicherheitsnadel ein.

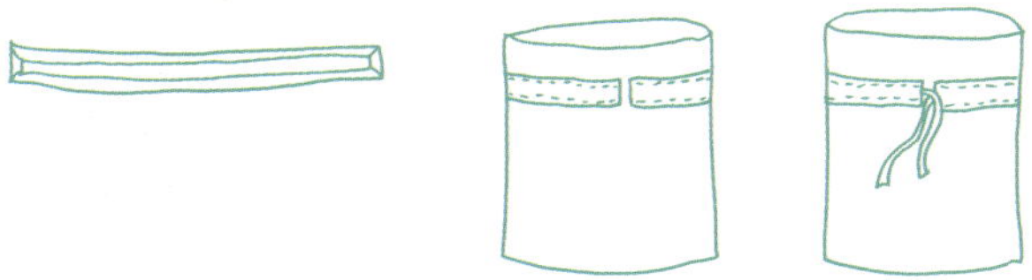

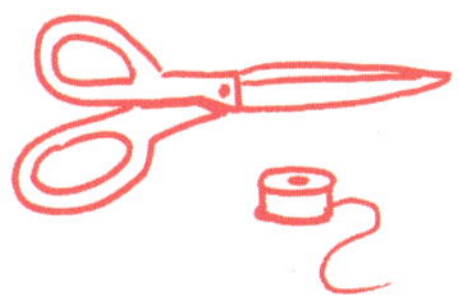

Einfacher eingeschlagener Tunnelzug

Eigentlich nähen wir hier einen Saum. Achten Sie darauf, eine Öffnung für ein Bindeband oder einen Gummi zu lassen.

Tunnel für Gummizug

Schlagen Sie am oberen Teil Ihrer Arbeit den Stoff zweimal nach innen um. Stecken und steppen Sie den inneren Rand des Tunnels, achten Sie darauf, eine entsprechende Öffnung zu lassen. Falls gewünscht, steppen Sie den Rand oberhalb des Tunnels entlang des Umbruchs. Ziehen Sie den Gummi mit Hilfe einer Sicherheitsnadel ein. Nähen Sie die beiden Enden zusammen. Setzen Sie an der ersten Naht an und schließen Sie die Öffnung.

Tunnelzug für Bindeband

Sie können entweder eine Öffnung in der Naht (oder in beiden Nähten) Ihrer Arbeit belassen (a) oder ein bis zwei Knopflöcher (b) beim Vorbereiten des Umschlags nähen, so dass beide Öffnungen auf der Vorderseite der fertiggestellten Näharbeit auf der Höhe des Tunnelzugs sind. Ziehen Sie das Bindeband mit Hilfe einer Sicherheitsnadel ein.

a

b

Material für den Serviettenring

- 6 x 15 cm gelber Stoff, rosafarbener Stoff für das Futter, aufbügelbares Vlies

- 19 cm Schrägband aus Liberty Stoff
- Ein Druckknopf
- Zum Stoff passendes Garn

Schneiden Sie die drei Stoffe zu. Die Stoffmaße sehen eine Nahtzugabe von 0,5 cm vor.

Anfertigen des Serviettenrings

1 Vorbereitung des Verschlusses

Öffnen Sie das Schrägband. Schlagen Sie 1 cm am Ende des Schrägbandes nach innen um. Falten Sie das Schrägband zurück und legen es der Länge nach doppelt. Steppen Sie die beiden langen Seiten und das eingeschlagene Ende 2 mm vom Rand.

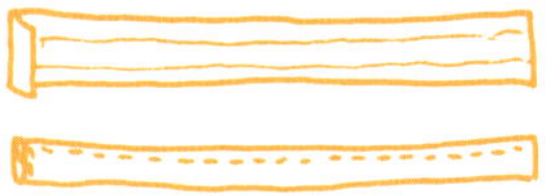

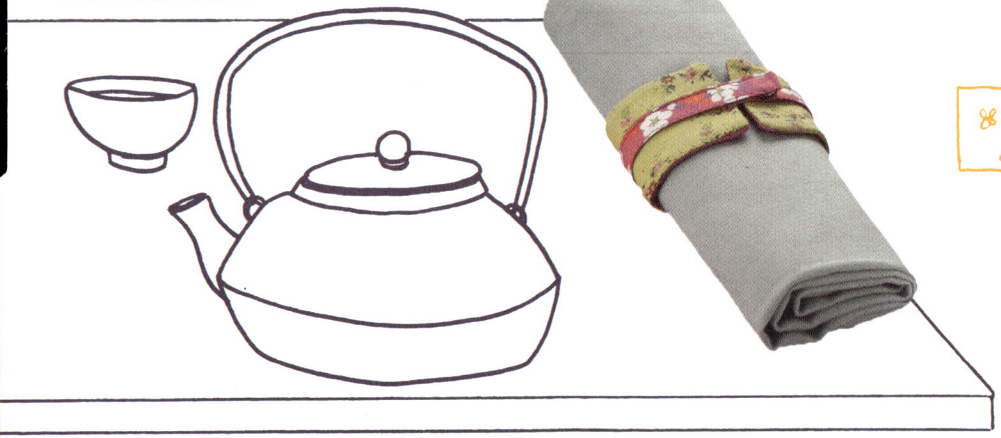

2 Zusammennähen

Bügeln Sie auf die Rückseite des Futterstoffs das Bügelvlies auf. Setzen Sie auf die rechte Seite des äußeren Stoffs in die Mitte einer der kurzen Seiten das nicht eingenähte Schrägbandende. Lassen Sie das andere Ende in der Mitte eingeschlagen, um es nicht aus Versehen mit einzunähen. Legen Sie das Futter rechts auf rechts aufeinander. Stecken und steppen Sie es fest, lassen Sie dabei eine Öffnung von 5 cm in der Mitte einer der langen Seiten. Wenden Sie die Arbeit.

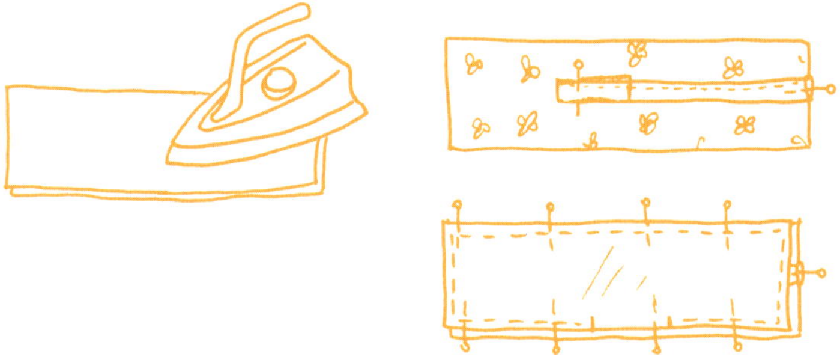

3 Ausarbeitung

Schließen Sie die Öffnung von Hand. Nähen Sie die Druckknopfhälfte mit dem Kopf an das Ende des Schrägbandes und die mit der Vertiefung auf die andere, damit das Band einmal um den Serviettenring reicht.

Einfassen einer Arbeit

Hier wird Ihre Arbeit von vier Stoffstreifen rundum eingerahmt, wie beispielsweise eine Decke.

Der Einfachheit halber, bringe ich die Einfassung an, bevor ich die Unterseite der Arbeit füttere. Die Streifen werden auf Gehrung in den Ecken zusammengenäht. Das ist nicht sehr schwierig, es genügt, am Anfang besonders genau zu messen.

Breite der Bänder

Sobald der einzufassende Teil Ihrer Arbeit fertiggestellt ist, bestimmen Sie die Breite der Bänder und fügen eine Nahtzugabe von 2 cm hinzu. Planen Sie beispielsweise eine 4 cm breite Einfassung, schneiden Sie 6 cm breite Streifen.

Länge der Bänder

Messen Sie die Seitenlängen der Arbeit, die Sie einfassen möchten, zum Beispiel 20 x 30 cm.

Nehmen Sie zur Berechnung jedes Streifens die Seitenlänge der Arbeit plus 2-mal die Breite der fertigen Streifen plus 2 cm Nahtzugabe.

In unserem Beispiel benötigen Sie also

für die kurzen Seiten:

2 Streifen von: 20 cm + (2 x 4 cm) + 2 cm = 30 cm Länge

für die langen Seiten:

2 Streifen von: 30 cm + (2 x 4 cm) + 2 cm = 40 cm Länge

Zusammennähen

Stecken Sie die Streifen der Einfassung rechts auf rechts auf die vier Seiten des Mittelstücks. Lassen Sie an jeder Seite das Band etwas überstehen. Halten Sie beim Steppen jeder Naht 1 cm vor der Ecke an. Falten Sie die Arbeit in der Diagonalen rechts auf rechts. Legen Sie die Enden der Bänder im Winkel des Umbruchs, rechts auf rechts. Stecken Sie sie zusammen. Steppen Sie, indem Sie die Diagonale verlängern. Arbeiten Sie die anderen Ecken auf die gleiche Art. Öffnen Sie die Nähte mit dem Bügeleisen.

Nähen des Tischsets

1 Zusammennähen der Stoffe

Stecken Sie die Stoffe B und C rechts auf rechts zusammen. Steppen Sie 1 cm vom Rand. Öffnen Sie die Naht mit dem Bügeleisen. Stecken Sie Stoff A an die genähten Teile B und C und steppen Sie sie zusammen. Öffnen Sie die Naht mit dem Bügeleisen.

2 Zusammennähen des Futters

Legen Sie das Patchwork links auf links auf das Futter. Stecken und versäubern Sie die vier Seiten im Zickzackstich.

3 Setzen des Schrägbands

Öffnen Sie ein Ende des Schrägbands. Falten Sie dieses Ende links auf links auf 0,5 cm. Legen Sie einen offenen Rand des Schrägbands auf der Futterseite an den Stoffrand und stecken Sie die erste Seite fest. Steppen Sie in den Falz. Schneiden Sie das Schrägband in den Ecken ein und nähen Sie an der folgenden Seite weiter. Zum Schließen schneiden Sie das Schrägband ein, lassen einen Rand von 0,5 cm und legen es über das anfangs gefaltete Ende.

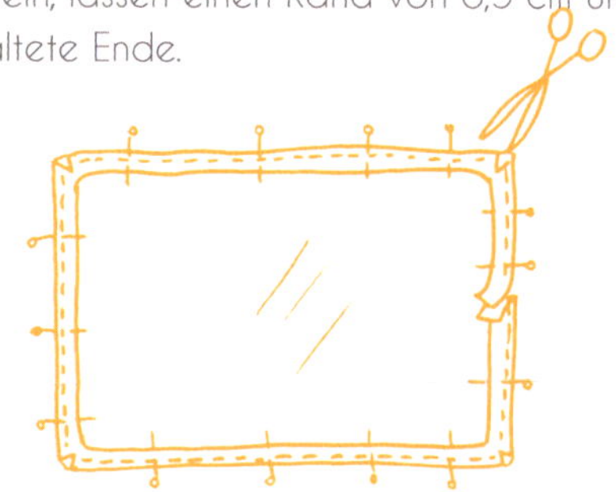

4 Ausarbeitung

Schlagen Sie die andere Seite des Schrägbands auf der rechten Seite des Sets um. Stecken Sie es mit ein paar Nadeln fest. Steppen Sie 2 mm vom Rand des Schrägbandes und schlagen Sie es in jeder Ecke um.

Kräuseln

Kräuseln ermöglicht zum Beispiel dekorative Volants zu fertigen oder sorgt für erhöhten Tragekomfort bei Kleidungsstücken. Sie können von Hand oder mit der Maschine kräuseln.

Vorbereitung des Stoffs

Zeichnen Sie eine Linie 0,5 cm vom zu kräuselnden Stoffrand ein, dann eine weitere 1 cm unter der ersten.

Von Hand kräuseln

Fädeln Sie eine Nadel mit einem festen, ausreichend langen Faden, um die Breite des zu kräuselnden Stoffs zuzüglich ca. 15 cm abzudecken, ein. Verknoten Sie das Ende und bringen Sie eine durchgängige Naht im Vorstich an. Dasselbe auf der zweiten Linie. Ziehen Sie gleichmäßig an den Fäden und verteilen Sie die Kräuselung auf der gewünschten Länge. Knoten Sie die beiden Fäden zusammen.

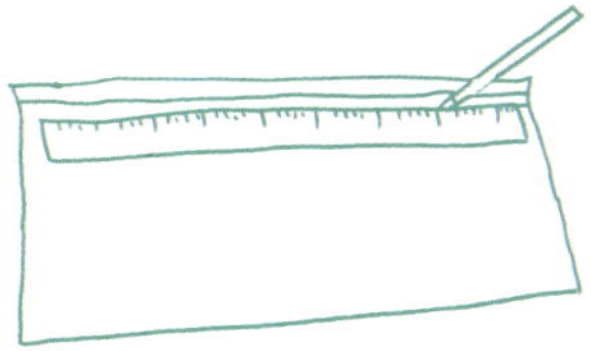

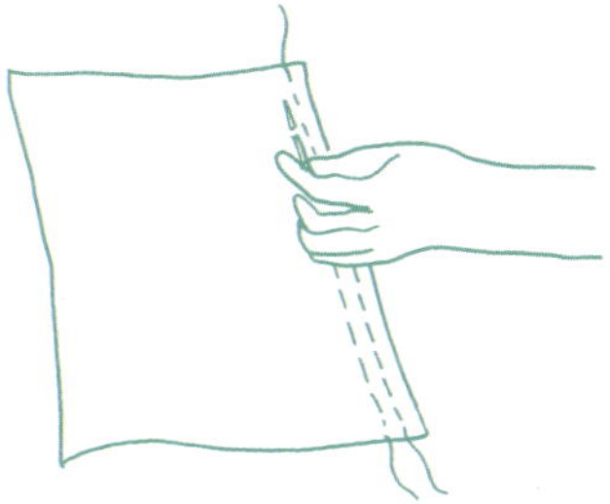

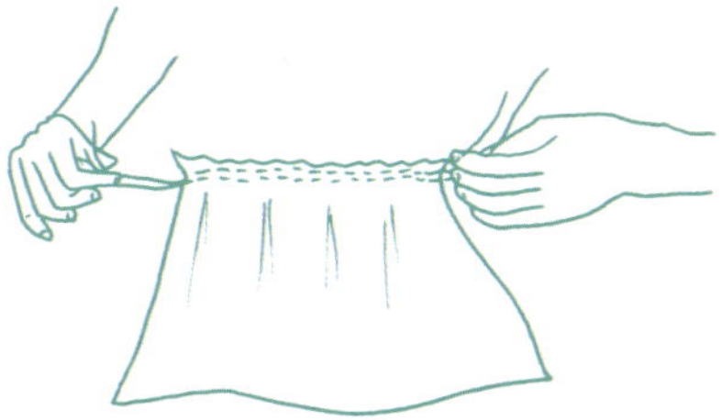

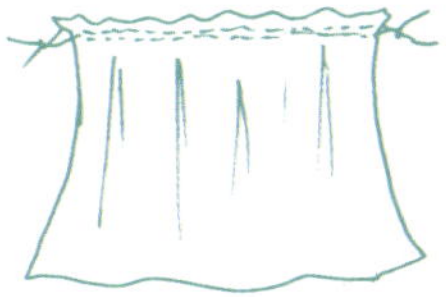

Mit der Maschine kräuseln

Wählen Sie den längst möglichen Geradstich und steppen Sie entlang der ersten Linie, ohne den Faden mit Rückstich zu sichern. Wiederholen Sie dasselbe auf der zweiten Linie. Ziehen Sie gleichmäßig an den Fäden und verteilen Sie die Kräuselung auf der gewünschten Länge.

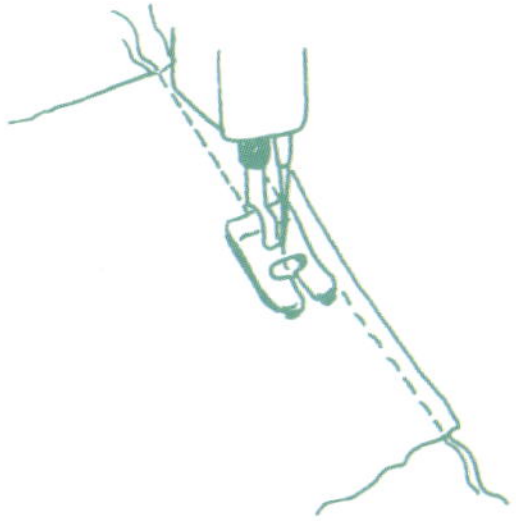

Zusammennähen eines gekräuselten Stoffs

Stecken Sie das gekräuselte Teil rechts auf rechts auf Ihren Stoff. Steppen Sie mit dem Geradstich in mittlerer Stichlänge zwischen den beiden Nähten.

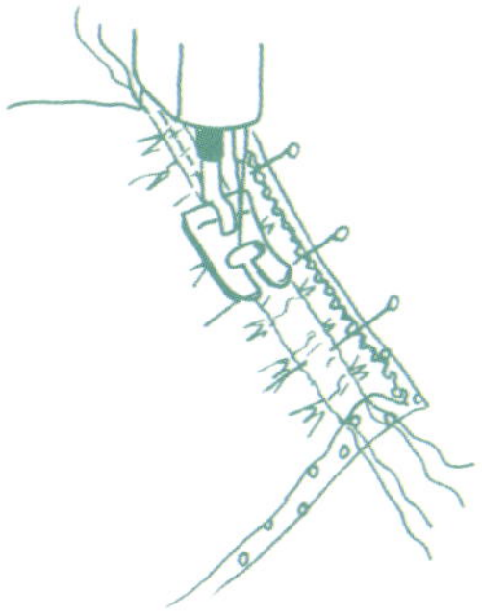

Tischset und Serviettenring

Eines der größten Vergnügen beim Nähen ist das Zusammenstellen passender Stoffe! Bei diesen beiden einfachen Näharbeiten bietet sich hinreichend Gelegenheit dazu. Kreieren Sie zum Beispiel eine Serie von Sets mit unterschiedlichen Stoffen und farblich abgestimmten Schrägbändern.

Hier übe ich

Tischset
- Zusammennähen
- Versäubern
- Ein Schrägband setzen

Serviettenring
- Das Verstärken
- Eine Arbeit wenden
- Einen Druckknopf annähen

Material für das Tischset

Maße der fertiggestellten Arbeit: 27 x 37 cm

- 12 x 37 cm lilafarbener Stoff
- 17 x 27 cm rosafarbener Stoff
- 17 x12 cm gelber geblümter Stoff
- 27 x 37 cm passender einfarbiger Stoff für das Futter
- 1,30 m Schrägband aus Liberty Stoff
- Zum Stoff passendes Garn

Schneiden Sie die einzelnen Teile zu. Es ist eine Nahtzugabe von 1 cm vorgesehen.
Wenn Sie für das Patchwork einen leichten Baumwollstoff wählen, sollten Sie die Arbeit mit einer festeren Baumwolle unterfüttern.

Quetsch- und Kellerfalten

Keller- und Quetschfalten werden aus einfachen Falten auf Stoß geformt, bei der Kellerfalte rechts an rechts, bei der Quetschfalte links an links. Die andere Seite einer Kellerfalte ist eine Quetschfalte und umgekehrt. Mehrere Quetschfalten nacheinander werden durch Kellerfalten getrennt und umgekehrt. Das mag schwierig erscheinen, aber mit einer Zeichnung wird es klar.

Vorbereitung der Falten

Bereiten Sie die Falten durch sorgfältiges Messen des Stoffs und durch Abstecken vor. Zeichnen Sie die Markierungen mit Schneiderkreide ein, oder schneiden Sie kleine Kerben in den Stoffrand. So werden Ihre Falten symmetrisch und gleichmäßig.

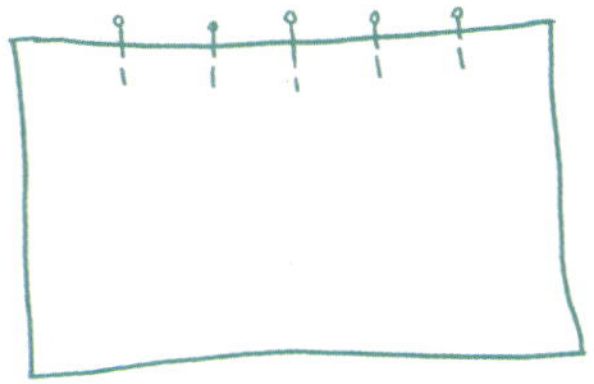

Einfache Falte

Diese Falten sind durch zwei Anhaltspunkte definiert, den Faltenbruch und die Anstoßlinie. Es genügt die erste auf die zweite zu legen, und dabei auf rechts zu arbeiten.

Kellerfalte

Auf der rechten Stoffseite setzen Sie die äußeren Markierungen auf die zentrale Markierung (siehe „Vorbereitung der Falten").

Quetschfalte

Verfahren Sie wie bei der Kellerfalte auf der linken Seite des Stoffes. Wenden Sie auf rechts.

Dauerhafte Falten

Bügeln Sie die Falten sorgfältig. Handelt es sich um eine größere Näharbeit, oder werden die Falten oben und unten in einer Naht gefasst oder vertikal übersteppt, ist es empfehlenswert, sie mit der Schneiderkreide auf der ganzen Länge einzuzeichnen und zu heften.

Ausführung

1 Anleitung für die Bänder

Zeichnen Sie mit Schneiderkreide und einem Winkel parallel auf jeder kurzen Stoffseite rechts die Stellen ein, an der die Bänder aufgenäht werden sollen: das erste 24 cm vom Rand, das zweite und dritte jeweils in 5,5 cm Abstand.

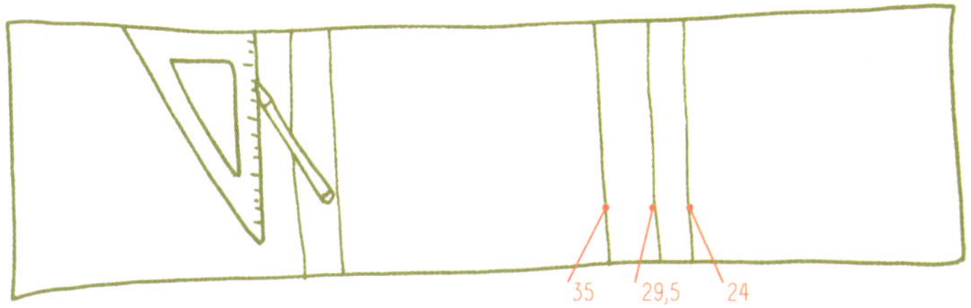

2 Applizieren der Bänder

Schneiden Sie sechs Schrägbänder von 45 cm Länge. Stecken Sie jeweils ein gefalztes Schrägband entlang der ersten beiden Linien. Steppen Sie diese auf jeder Seite 2 mm vom Rand fest. Falten Sie ein weiteres Schrägband auseinander. Setzen Sie es auf die dritte Linie, stecken und steppen Sie es fest. Verzieren Sie die andere Seite des Tischläufers ebenso.

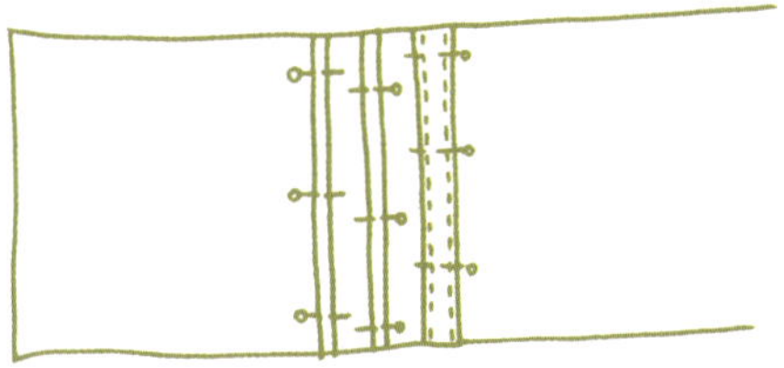

Dezentrieren hilft beim Konzentrieren!

Bei manchen Nähmaschinen gibt es zwei Nadelpositionen. Verwenden Sie in diesem Fall die Position ganz rechts, Ihr Nähfuß bleibt mittig und die Nadel steht am richtigen Platz.

3 Säume

Schlagen Sie die langen Seiten des Tischläufers nach und nach beim Bügeln nach innen um, erst 0,5 cm, dann 2 cm. Verfahren Sie ebenso mit den kurzen Seiten. Stecken Sie die Umschläge mit ein paar Nadeln fest. Steppen Sie 2 mm neben dem Falz, erst vollständig die langen Seiten, dann die kurzen.

Wählen Sie eine dicke Nadel, z.B. Stärke 90, wenn Sie mehrere Lagen übereinander nähen.

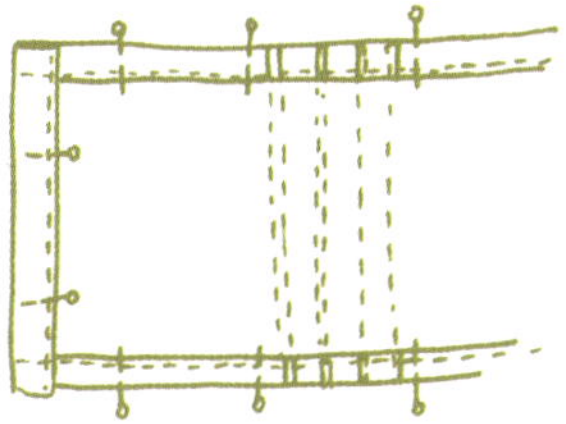

Tipp

Stecken Sie zunächst die Säume an den gegenüberliegenden Seiten fest, damit Sie die Ecken in dieselbe Richtung einschlagen können. Wir beginnen mit den langen Seiten und schlagen die kurzen Seiten an den vier Ecken darüber.

Abnäher

Mit Abnähern können Sie ein Kleidungsstück anpassen, sie können jedoch auch zur Herstellung von Accessoires dienen. Es erfordert jedoch ein wenig Fingerfertigkeit. Daher sollten Sie sich erst an Näharbeiten mit Abnähern wagen, wenn Sie Ihre Nähmaschine beherrschen.

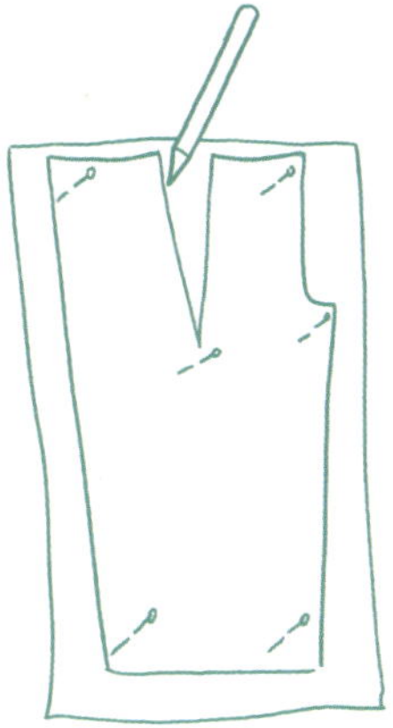

1 Die am häufigsten verwendeten Abnäher sind in den Schnittmustern als Dreiecke eingezeichnet. Um sie zu übertragen, genügt es, sie auszuschneiden und sorgfältig einzuzeichnen.

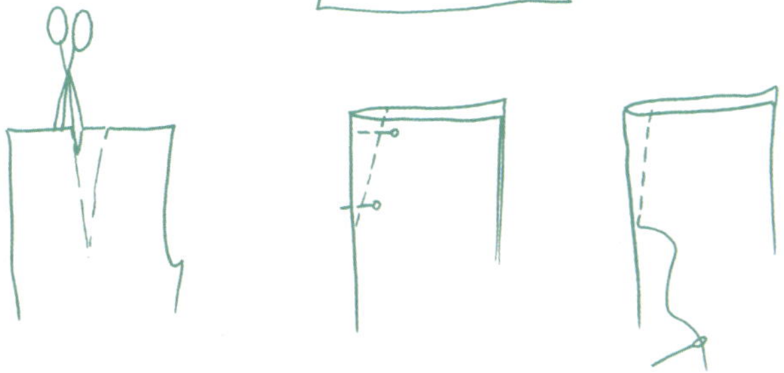

2 Bringen Sie zwei Einschnitte an der breiten Seite des Abnähers an. Falten Sie den Stoff rechts auf rechts, Einschnitt auf Einschnitt, damit die Spitze des Abnähers genau auf dem Umbruch liegt und die Kanten der beiden Seiten übereinander liegen. Stecken Sie eine Stecknadel in die Spitze, senkrecht zum Umbruch. Stecken Sie entlang der Zeichnung und heften Sie.

3 Beginnen Sie oben zu steppen und enden Sie in der Spitze, ohne dabei zu sehr am Stoff zu ziehen. Vergessen Sie den Rückstich am Anfang und am Ende nicht!

4 Bügeln Sie die Abnäher und halten Sie sich an die Anweisungen in Ihrem Schnittmuster. Im Allgemeinen bügelt man Taillenabnäher nach außen und Brustabnäher am Kleidungsstück nach unten.

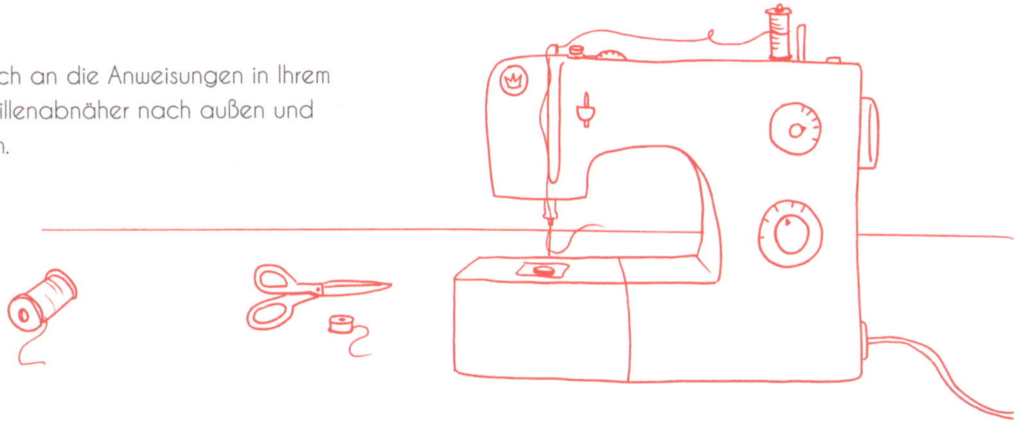

Tischläufer

Ganz gleich, ob für einen großen oder kleinen Tisch, ein Läufer ist die beste Methode, um das Säumen zu üben. Applizieren Sie zahlreiche Schrägbänder in beliebiger Farbe; so zeigen Sie Ihr Fertigkeit als Hobbyschneiderin. Dann können Sie mit Stolz sagen: Das habe ich selbst gemacht!

Material

Maße der fertiggestellten Arbeit: 40 x 130 cm

- 45 x 135 cm rohweißer Stoff
- 2,70 m Schrägband aus Liberty Stoff
- Zum Stoff passendes Garn

Hier übe ich

Die gerade Naht
Säumen
Bänder applizieren

Nach Maß!

Fügen Sie für eine genau passende Tischdecke oder einen Tischläufer nur zweimal 2,5 cm (Nahtzugabe) zu den gewünschten Maßen der fertiggestellten Arbeit hinzu. Für einen Läufer mit 130 cm Seitenlänge benötigen Sie ein quadratisches Stück Stoff mit 135 x 135 Seitenlänge.

Knopflöcher

Das Knopfloch ist eigentlich der letzte Schritt Ihrer Arbeit. Die modernen Nähmaschinen fertigen das Knopfloch in vier manuellen Etappen an, die elektronischen Maschinen benötigen dazu nur eine einzige.

Es genügt, die Stelle für das Knopfloch gut vorzubereiten, und ein wenig an einem Stoffrest zu üben. Aber keine Panik, falls Sie mit Ihrem Ergebnis nicht zufrieden sind, trennen Sie es einfach wieder auf und beginnen von Neuem. Das Knopfloch wird erst ganz zum Schluss aufgeschnitten.

Wie setzt man ein Knopfloch?

Das Knopfloch sollte im Fadenlauf und in der Richtung sein, in der das Kleidungsstück beansprucht wird. Verwenden Sie ein Schnittmuster, finden Sie dort Ihre Anhaltspunkte. Auf der Vorderseite eines Mantels sind die Knopflöcher horizontal. Auf der Vorder- oder Rückseite eines Hemdes oder Kleides sind die Knopflöcher vertikal. Die Knöpfe werden mittig gesetzt. An den Manschetten, am Kragen und in der Taille sind die Knopflöcher horizontal. Hier werden die Knöpfe am rechten oder linken Knopflochrand gesetzt.

Vorbereitung

Messen Sie die Knöpfe bevor Sie die Knopflöcher nähen. Die Länge des Knopflochs sollte den Durchmesser des Knopfes zusätzlich seiner Höhe haben. Messen Sie bei mehreren Knopflöchern den Abstand dazwischen, setzen Sie beispielsweise für eine Bluse die Knopflöcher 1 bis 1,5 cm vom Rand in einem Abstand von 6 bis 7 cm. Zeichnen Sie jedes Knopfloch auf dem Stoff ein. Markieren Sie die Stelle mit Heftgarn, achten Sie darauf alle Stofflagen zu heften.

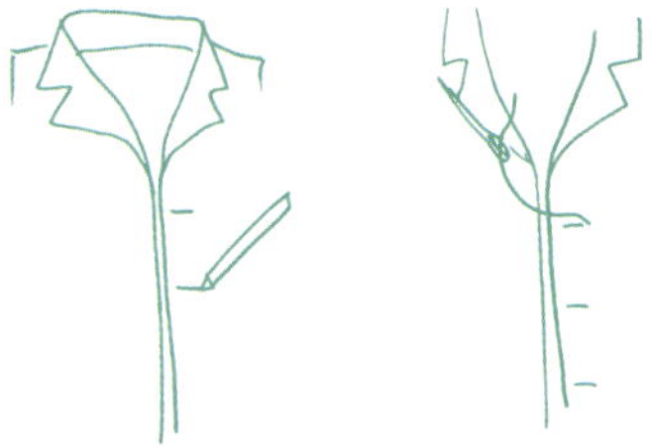

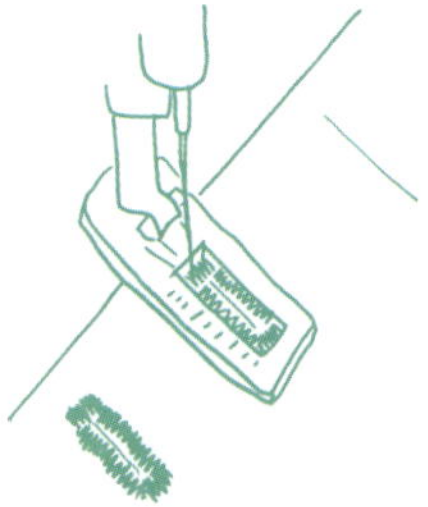

Ausführung

Setzen Sie den Knopflochfuß in Ihre Maschine ein. Wählen Sie den Knopflochstich und eine entsprechende Stichbreite. Setzen Sie den Nähfuß auf die Heftung. Steppen Sie die erste Seite und das erste Knopflochende (mit drei oder vier Durchgängen falls der Stich halbautomatisch ist), nähen Sie dann auf der zweiten Seite zurück und nähen das andere Knopflochende. Setzen Sie, falls auf Ihrer Maschine vorhanden, einen Haltstich. Heben Sie den Nähfuß und schneiden Sie die Fäden ab. Falls Sie keinen Haltstich an Ihrer Maschine haben, fädeln Sie den Oberfaden zum Sichern in eine Nadel ein, führen ihn auf die Stoffunterseite und verknoten beide Fäden.

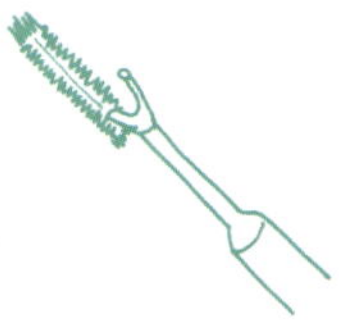

Öffnen der Knopflöcher

Entfernen Sie die Heftung. Schieben Sie den Pfeiltrenner oder eine spitze Schere zwischen die beiden Stichreihen und trennen vorsichtig, ohne die Stiche zu beschädigen, die Knopflöcher auf.

Modelle

Material für das große Modell

Maße der fertiggestellten Näharbeit: 25 x 35 cm ohne Henkel

- 37 x 64 cm gepunkteter Stoff

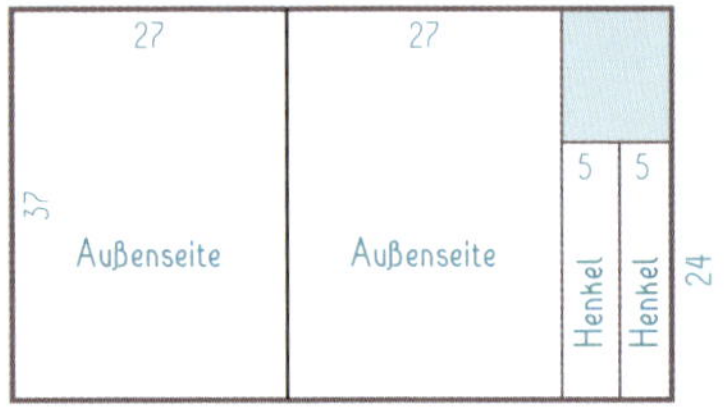

- 37 x 54 cm einfarbiger Stoff

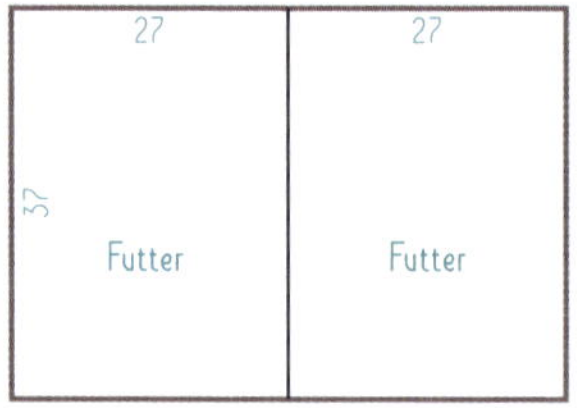

- 5 x 8 cm geblümter Stoff

- Zum Stoff passendes Garn

Die angegebenen Maße sehen eine Nahtzugabe von 1 cm vor.

Die große Tasche nähen

1 Label

Falten und stecken Sie den Stoff für das Label rechts auf rechts der Länge nach. Steppen Sie die lange, offene Seite. Wenden Sie die Arbeit auf rechts und falten Sie den entstandenen Schlauch. Setzen Sie das Label auf eine der Außenseiten der Tasche 5cm vom oberen Rand, stecken Sie die beiden offenen Enden am Stoffrand zusammen.

2 Zusammennähen der Außenteile

Wie bei Schritt 2 des kleinen Modells vorgehen, nur hier noch das Label in die Naht einnehmen.

Schritt 3 bis 5

Folgen Sie der Anleitung für die kleine Tasche

Knöpfe

Oft höre ich von meinen Anfängerschülerinnen „Ich kann keinen Knopf annähen!" Falls das bei Ihnen genauso ist, können Sie diese Schwierigkeit nun leicht überwinden!

Druckknöpfe

Druckknöpfe gibt es in verschiedenen Größen; sie sind aus zwei Teilen zusammengesetzt. Die eine Seite hat eine Vertiefung, die andere den dazu passenden Kopf. Die Druckknopfhälfte mit dem Kopf wird von links auf die obenliegende Seite Ihrer Näharbeit genäht, die Hälfte mit der Vertiefung wird von rechts auf die darunterliegende Seite genäht.
Wenn sich die beiden zu verschließenden Seiten ständig gegenüberliegen, hat das keine Bedeutung. Bestimmen Sie präzise die Stelle, wo die beiden Druckknopfteile festgenäht werden sollen, damit sie sich genau gegenüberliegen. Markieren Sie die Stellen mit Schneiderkreide.
Wählen Sie eine Nadel, die fein genug ist, um durch die teilweise sehr kleinen Löcher zu kommen. Bringen Sie enge Stiche am Rand des Druckknopfes an, indem Sie die Nadel durch die Löcher stechen.
Achten Sie beim Annähen der Druckknöpfe (gleich, welche der beiden Hälften) auf der linken Seite Ihrer Näharbeit darauf, nur durch eine Stofflage zu stechen, damit die Stiche auf der rechten Seite nicht sichtbar sind.

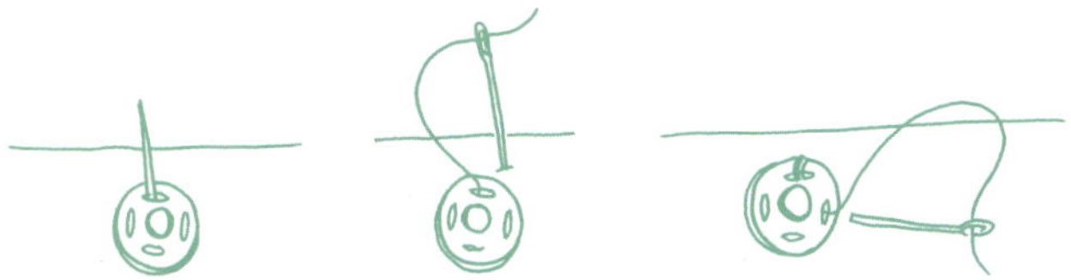

Knöpfe

Der klassische Knopf hat zwei oder vier Knopflöcher. Es gibt auch Ösenknöpfe, das sind Knöpfe, die mit einer Öse am Stoff befestigt werden. Nähen Sie mit einer Nadel und einem nicht zu langen doppelten Faden, der am Ende verknotet wird.

Lochknöpfe

Legen Sie den Knopf an die gewünschte Stelle auf der Vorderseite Ihres Stoffes. Stechen Sie mit der Nadel von der Unterseite nach oben und ziehen Sie den Faden vollständig durch eines der Knopflöcher. Dann stechen Sie von rechts nach links durch ein weiteres Loch. Ziehen Sie den Faden in mehreren Durchgängen erneut durch. Wenn der Knopf vier Löcher hat, wiederholen Sie den Vorgang auf der anderen Seite. Ziehen Sie den Faden nicht zu sehr an. Sie können sogar ein Streichholz zwischen Knopf und Stoff legen. Verwahren Sie den Faden mit zwei Stichen unter dem Knopf, ziehen ihn durch die Schleife und schneiden den Faden ab.

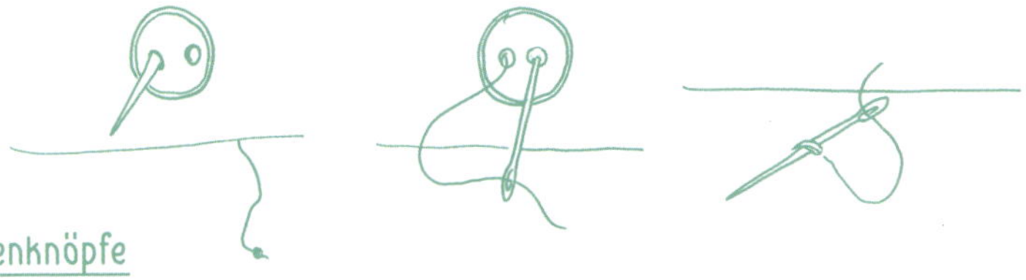

Ösenknöpfe

Setzen Sie den Ring auf den Stoff an die gewünschte Stelle und neigen Sie den Knopf zur Seite. Stechen Sie die Nadel von links nach rechts durch den Stoff und dann durch den Ring. Stechen Sie links des Rings in den Stoff und ziehen Sie die Nadel rechts wieder heraus, damit der Faden unter dem Ring durchläuft. Wiederholen Sie diesen Vorgang mehrere Male. Verwahren Sie den Faden wie bei den Lochknöpfen.

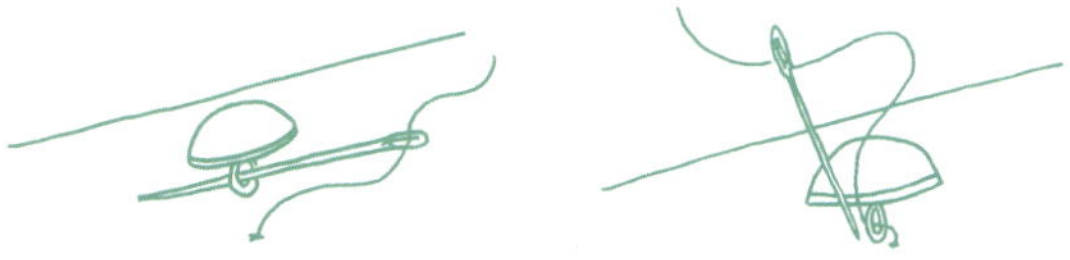

Die kleine Tasche nähen

1 Vorbereitung der äußeren Teile der Tasche

Stecken Sie jeweils ein oberes Teil mit einem unteren Teil rechts auf rechts zusammen (wenn die Stoffe eine Stoffrichtung haben, gleichen Sie das untere Ende des Oberteils an das obere Ende des Unterteils an). Steppen und bügeln Sie die Naht auf.

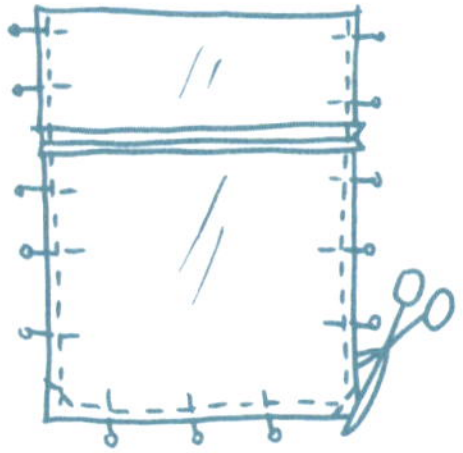

2 Zusammennähen der Außenteile

Stecken Sie das vordere und das hintere Teil rechts auf rechts zusammen. Steppen Sie die beiden langen und eine kurze Seite. Schneiden Sie die unteren Ecken schräg zurück. Wenden Sie die Arbeit und bügeln Sie die Nähte auf.

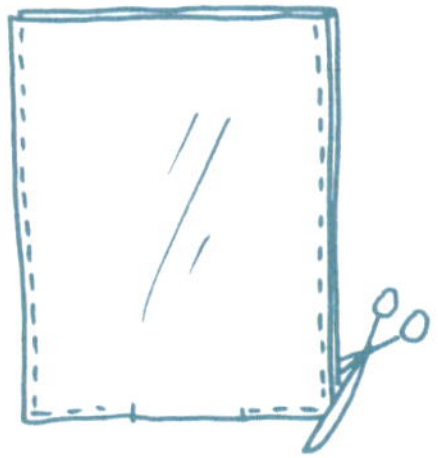

3 Zusammennähen des Futters

Stecken Sie die beiden Teile des Futters rechts auf rechts übereinander. Steppen Sie drei Seiten und lassen Sie eine Öffnung von 4 cm auf der kurzen Seite. Schneiden Sie die beiden unteren Ecken schräg zurück.
Bügeln Sie die Nähte auf.

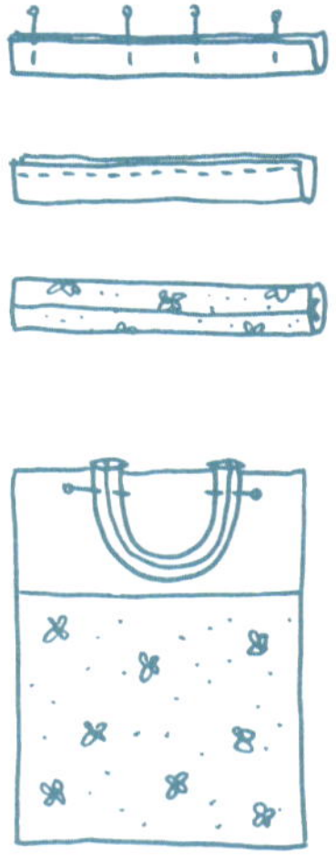

4 Zusammennähen der Henkel

Falten und stecken Sie die beiden Streifen der Länge nach rechts auf rechts. Steppen Sie die lange offene Seite. Wenden Sie die Arbeit durch die Öffnung. Bügeln Sie die Naht, damit diese in der Henkelmitte verläuft.
Stecken Sie die Henkelenden mit der Schlinge nach unten rechts auf rechts auf jede der Außenseiten der Tasche, 6 cm von den Seiten entfernt.

5 Zusammennähen

Stecken Sie die Tasche rechts auf rechts in das Futter, damit die Seitennähte aufeinandertreffen. Steppen Sie den Rand ab.
Wenden Sie die Arbeit durch die Öffnung im Futter. Schließen Sie diese von Hand im Blindstich. Stecken Sie das Futter in die Tasche.

Stoff verstärken

Verschiedene Möglichkeiten, Stoff zu verstärken

Eine Verstärkung hilft, einen Stoff zu festigen. Früher hat man ein einfaches Stück Baumwolltuch auf die Rückseite des Stoffs geheftet. Heute verwendet man heiß klebende Einlagen, d.h. ein Vlies mit Kleber auf einer Seite, das mit dem Bügeleisen auf den Stoff aufgebracht wird.

Die Verstärkung kann zur Festigung einer Hemdenknopfleiste, eines Kragens oder Manschetten dienen oder, wie Sie auf den Kreativseiten dieses Buches sehen werden, zur Verstärkung eines Etuis oder einer Tasche.
Die Verstärkung ist leicht auf feine oder mittelfeine Stoffe mit glatter Oberfläche anzubringen.

Das Bügelvlies gibt es in unterschiedlichen Stärken. Um ein Kleidungsstück zu verstärken, wählt man die Stärke, die dem zu verstärkenden Stoff am nächsten kommt. Bei Dekorationsgegenständen, hängt es davon ab, wie sehr verstärkt werden soll. Damit eine Tasche von alleine stehen bleibt, wähle ich ein sehr dickes Vlies.

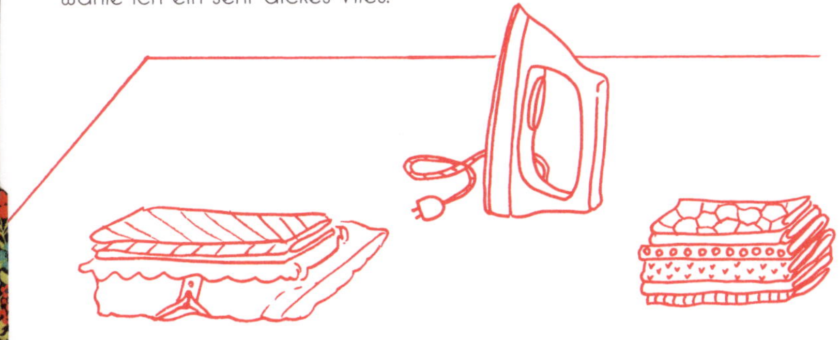

Applikation

Heiß klebende Einlagen werden mit dem Bügeleisen auf den zuvor gut gebügelten Stoff aufgebracht. Knitterfalten sind hier unverzeihlich!

Große Teile

Schneiden Sie die Verstärkung in den Maßen des zu verstärkenden Stoffs zu. Legen Sie den Stoff mit der linken Seite nach oben auf den Bügeltisch und das Bügelvlies, die Klebeseite dem Stoff zugewandt, auf den Stoff.

Kleine und geformte Teile

Bei Applikationen oder schwierigen Verstärkungen ist es meist besser ein Rechteck oder ein Quadrat zu verstärken, bevor man die tatsächliche Form ausschneidet. Sie können auch die aus der Verstärkung auszuschneidende Form auf der Rückseite des Stoffs einzeichnen und nach dem Aufbügeln ausschneiden. Dies ist eine praktische Lösung, wenn sie eine Nahtzugabe hinzufügen möchten, ohne diese zu verstärken.

Aufbügeln

Stellen Sie Ihr Bügeleisen auf die vom Hersteller der Bügeleinlage angegebene Temperatur ein. Drücken Sie das Bügeleisen fest und ohne Dampfzugabe auf die Seite der Verstärkung. Bügeln Sie dann die Stoffseite mit etwas Dampf, um sie möglichst glatt zu bekommen.

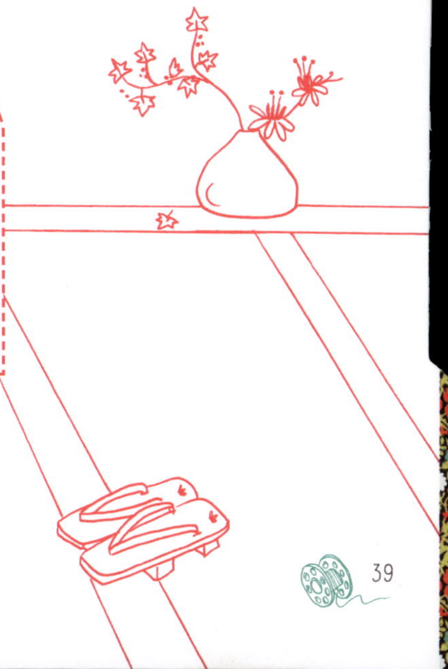

Unentbehrliche Taschen

Diese zwei Taschenmodelle sind die ideale Übung, um sich mit der Nähmaschine vertraut zu machen. Die Nähte sind gerade. Die einzelnen Teile sind nicht zu groß und nicht zu klein. Die Ausarbeitung findet bereits beim Zusammennähen statt. Unter den vielen schönen Stoffen zu wählen wird zweifellos das Schwierigste sein!

Hier übe ich
Zusammennähen
Gerade Nähte steppen
Eine Naht aufbügeln

Material für das kleine Modell

Größe der fertiggestellten Arbeit: 22 x 32 cm ohne Henkel

- 24 x 58 cm geblümter Stoff

- 34 x 48 cm gepunkteter Stoff

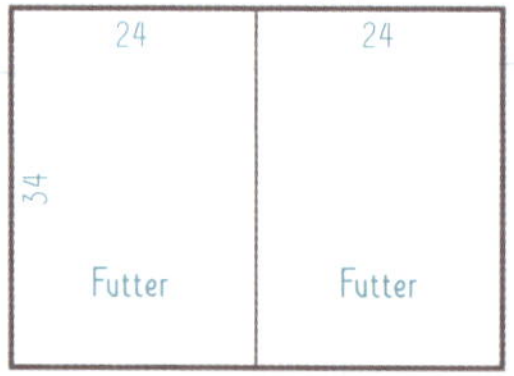

- 12 x 48 cm einfarbiger Stoff

- Zum Stoff passendes Garn

Die angegebenen Maße sehen eine Nahtzugabe von 1 cm vor.

Applizieren

Werfen Sie Ihre Stoffreste nicht mehr weg! Schenken Sie ihnen als Applikation ein neues Leben. Sie können Motive von Hand oder mit der Maschine auf Ihre Arbeit applizieren.

Mit der Maschine

Vorbereitung

Zeichnen Sie das Motiv auf und schneiden Sie es ohne Nahtzugabe aus. Falls der Stoff, den Sie applizieren wollen fein ist, verstärken Sie ihn zuvor wie auf Seite 39 beschrieben.

Stecken Sie das zu applizierende Motiv mit den Stecknadeln senkrecht zur Naht bzw. wenn es ein kleines Motiv ist, nur mittig auf den Stoff. Handelt es sich um ein großes Motiv, empfehle ich zu heften, um Falten während des Nähvorgangs zu vermeiden.

Die Naht

Wählen Sie den engen Zickzackstich auf Ihrer Maschine, wie beim Nähen von Knopflöchern. Probieren Sie es auf einem Stoffrest aus. Wenn es Ihnen zusagt, steppen Sie um das Motiv herum, damit der Zickzackstich das Motiv gut umschließt. Falls nötig heben Sie in den Ecken oder Kurven den Nähfuß, während die Nadel im Stoff steckt und drehen Sie den Stoff, damit Sie immer in der Achse der Nadel sind.

Von Hand

Schneiden Sie das Motiv aus und fügen Sie 3 mm Rand für den Umschlag hinzu. Wenn der zu applizierende Stoff fein ist, verstärken Sie ihn zuvor wie auf Seite 39 beschrieben. Schlagen Sie die Nahtzugabe nach innen. Stecken oder heften Sie das Motiv, wie bei der Applikation mit der Maschine. Nähen Sie mit einer kurzen, feinen Nadel und einem einfachen Faden im Blindstich in den Falz des Stoffes.

Ein Band applizieren

Hiermit können Sie eine schlichte Handarbeit oder ein gekauftes Geschenk verschönern und individuell gestalten! Je nach Vorliebe steppen Sie das Band im Geradstich auf beiden Seiten, setzen Sie die Nadel seitlich, falls dies möglich ist oder mittig zum Beispiel für eine Zackenlitze. Sie können ein Band auch im Blindstich von Hand annähen.
Denken Sie daran, die Enden des Bandes um 0,5 cm einzunehmen, falls diese nicht in einer Naht oder einem Saum eingefasst sind.

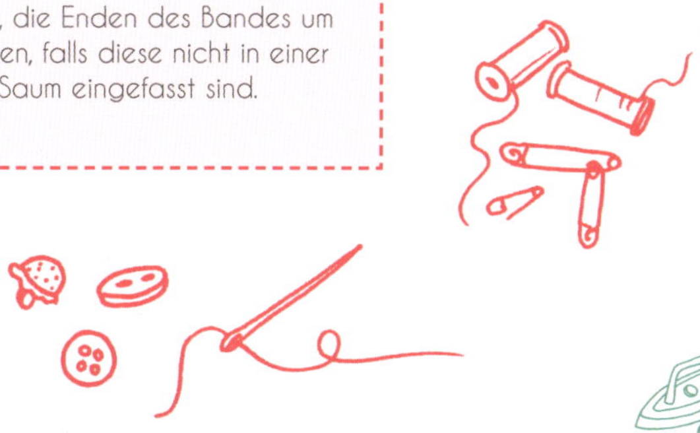

Meine ersten Modelle

Auf die Theorie folgt die Praxis! Endlich haben Sie Verwendung für all die hübschen Stoffe, die Sie schon lange bewundern. Accessoires für sich und Ihre Lieben nähen, Dekoartikel für Ihr Heim anfertigen und vor allem Ihnen selbst eine Freude bereiten.

Diese Modelle wurden als praktische, stufenweise Übung für begeisterte Anfängerinnen entwickelt. An jeder der Näharbeiten können Sie die unterschiedlichen erlernten Techniken üben. Je nach Niveau können Sie sich die passende Nähaufgabe auswählen, um Ihre Kenntnisse zu vertiefen oder bereits Erlerntes anzuwenden.

Und noch ein letzter Rat: Haben Sie niemals Angst vor dem Schneiden. An die Scheren!